字母的世界与
围尔脖的故事

Around the World With the Alphabet，The Story of Wilbur the Hat

［美］亨德里克·威廉·房龙◎著

祝翠霞◎译

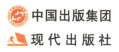

中国出版集团

现代出版社

图书在版编目（CIP）数据

字母的世界与围尔脖的故事 /（美）房龙著；吴鸿斌　祝翠霞译 . -- 北京 : 现代出版社，2016.3（2023.9 重印）
（房龙真知灼见系列）
ISBN 978-7-5143-4540-7

Ⅰ . ①字… Ⅱ . ①房… ②吴… ③祝… Ⅲ . ①世界史—文化史—青少年读物 Ⅳ . ① K103-49

中国版本图书馆 CIP 数据核字 (2016) 第 024301 号

字母的世界与围尔脖的故事

著　　者	（美）亨德里克·威廉·房龙	
译　　者	吴鸿斌　祝翠霞	
责任编辑	周显亮　哈曼	
出版发行	现代出版社	
地　　址	北京市安定门外安华里 504 号	
邮政编码	100011	
电　　话	010-64267325　010-64245264（传真）	
网　　址	www.1980xd.com	
电子信箱	xiandai@vip.sina.com	
印　　刷	永清县晔盛亚胶印有限公司	
开　　本	700mm×1000mm　1 / 16	
印　　张	10	
版　　次	2016 年 4 月第 1 版	
印　　次	2023 年 9 月第 5 次印刷	
书　　号	ISBN 978-7-5143-4540-7	
定　　价	58.00 元	

到1943年圣诞节再读

我可爱的孙儿:

这是为你写的书。当你坐在我膝盖上,看松鼠在工作室的窗外吃食和打架时,我在为你写书和画画。现在,我多说几句作为序言,因为等你完全能理解这本书还需要十年左右,我能想象那时你会自言自语:"可是,一本没有故事的书有什么用呢?"

那么,这就是它的来历。

那是1935年春天,整个世界好像彻底疯了。我们坐在里弗赛德大房子的餐厅里,你很可能不记得了,但你曾在那里蹒跚学步,在那里学会了用两种语言跟吉米和其他人说"再见",把爷爷叫成"Dag"——对一个14个月大的孩子来说并非小成绩。

正如我刚刚所说的,那个糟糕年份的一个糟糕的早晨,整个世界好像完全乱了套。吉米在读一份报纸,你妈妈读另一份,你爸爸则在读他的报纸,我,你的爷爷,在读我的报纸。腊肠犬"面条"是家里唯一不读报的成员。作为我们中间最明智的一个,它正在暖气前享受早餐后的小睡。你坐在窗边的小椅子里,忙着摆弄一片烤面包和一些果酱,搞得一团糟,总之不亦乐乎。我们完全忘记了你的存在,全神贯注于世界事务——希特勒的最新暴行、墨索里尼的最新荒唐事、爱尔兰的谋杀案、俄罗斯的大规模处决,四面八方,到处都有饥荒导致的骚乱——残暴和兽行的一贯节目,没有一线希望。就在那时,在所有这些灰心丧气中,我们突然听到你爆发出一阵笑声。我不知道发生了什么让你这么开心,但你笑得如此欢快、如此响亮,以至于我们所有人都放下自己令人沮丧的报纸,也开始笑起来。

我不能不感谢你突然而来的欢笑。它触动了我困惑的灵魂深处的一些东西。我对自己说:"如果这个小家伙仍然认为这个世界是个生活的好地方,我为什么不能?"我告诉自己,"不管发生什么,我们必须让这个孩子笑下去。如果他20岁时还能像那样笑，他可以成为一个我们非常需要的先知，一个少有的欢笑的哲学家，一个配得上苏格拉底、蒙田、圣弗朗西斯和伊拉斯谟以及所有其他认识到微笑着说出真理无损于其权威和力量的智者的接班人。"

当然，有个很严重的困难。你太小，还不能理解我所说的每个字。首先，还有很多年你才能读或写。所以，我决定我最好循序渐进，先教你字母表。于是，我花了两个月来画这些画，而你坐在我的膝盖上，给我讲有关松鼠的事儿，或者试图帮我，把一支铅笔放进我的希金斯墨水瓶里。

画完这些画，我试图以一种连续的注解把这些不同的字母贯穿起来。但是，不管我怎么使这个故事简单（除非我满足于通常用A表示Apple即"苹果"、用B表示Boloney即"胡扯"的做法），它仍旧完全超出你的理解力。不过那却是我最不担心的。

如果我能让这些画足够有趣，让你对我们漫画增刊的粗鄙乏味有一种直觉的反感，对专职的婴儿专家放在你面前的甜食有一种健康的厌恶，那我就帮了你的忙，让你一生都感谢我——希望那是长寿的一生！与此同时，当你在把玩这些画时，我会以一种悠闲的方式准备一个纯粹的图书馆，专门讲述我们那些欢笑的哲学家的生活和成就，这样一旦你能自己思考，你就有东西阅读了。

因此，我挚爱的孙儿，我把这本小书献给你，以示我对你那突然不期而至的笑声的深深谢意，你的笑声让我在那一刻免说这样的话，"哦，有什么用？让我们把这个国家还给印第安人，忘记它吧！"现在，跑到妈妈那儿去，我马上就开始啰——AAAAA表示AAAAAthens"雅典"。

亨德里克·威廉·房龙

写于刚刚当上爷爷不久

目录

目录

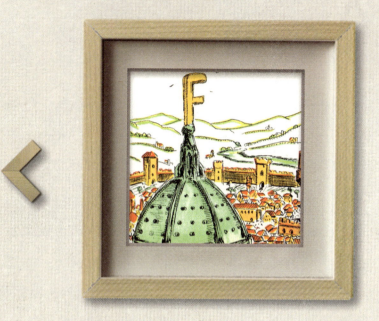

字母的世界与
围尔脖的故事

字母的世界

A A 表示Athens（雅典）

A也表示Acropolis（雅典卫城）。这两个A，是整个人类历史上最著名的A，它们坐落在一个叫Attica（阿提卡）的地区。那给了你第三个A，它使你更容易记住整个故事。

说到雅典，即使在它最辉煌的时候，它也绝不像今天的城市。它不到现代城市的八个街区那么大。你用大约20分钟就能从一头儿走到另一头儿，骑自行车则需要5分钟。

然而，奇妙的是，历史好像不只对大小规模感兴趣。这个小村庄是我们所有人的老师。没有雅典，我们就没有科学、没有文学、没有哲学、没有艺术——没有那些让我们的生活变得如此有趣的事情，包括现在那些用 α、β 等希腊字母写成的书。

雅典卫城（它真正的含义是"城市之巅"）是一个堡垒和神龛，建在陡峭的岩石顶上。它在危险时保卫这座城市，也是雅典人保护财产和祭神的地方。

直到1687年，这座用大理石建造的神庙都辉煌灿

　　雅典卫城（它真正的含义是"城市之巅"）是一个堡垒和神龛，建在陡峭的岩石顶上。它在危险时保卫这座城市，也是雅典人保护财产和祭神的地方。

烂、引人瞩目。接着，土耳其人和威尼斯人为了争夺爱琴海这个特定角落的归属，展开了一场持久的小规模战争。威尼斯的一个炮弹击中了帕特农神庙，它本来是雅典娜女神的庙宇，土耳其人用它做弹药库。"嘭"的一声巨响！神庙化作一团火焰，尘土飞扬，在阿提卡炫目的蓝天中渐渐弥漫开——雅典卫城就这样毁于一旦了。

B
B代表Borobudur（婆罗浮屠）

婆罗浮屠位于爪哇。我喜欢这个单词的发音，喜欢它的含义，即"很多佛的地方"，因为这座舍利塔从头到底为佛像及众多小型雕刻所覆盖，雕刻描绘了这位著名导师的生活场景，技艺如此完美，非常接近古希腊最好的雕塑作品。

佛陀——也就是"觉悟者"——激发人们建造了这座栩栩如生的雕刻山，他生活于耶稣诞生前5个世纪。他所教的内容如此伟大、崇高而朴素，以至于很少有人理解其真正含义。但他的思想一度非常流行，传遍从恒河河畔到黄河岸边的所有地方，最后甚至传到遥远的爪哇岛。

爪哇人于是建了这座舍利塔。舍利塔跟我们所说的教堂不同，它是祭拜的地方，据说保护了伟人的某些遗物，比如他的一束头

　　因为这座舍利塔从头到底为佛像及众多小型雕刻所覆盖，雕刻描绘了这位著名导师的生活场景，技艺如此完美，非常接近古希腊最好的雕塑作品。

发，或者一块碎胫骨，或者（就像在这里一样）他骨灰的一部分。虽然佛陀一直坚称他不是神，只是有着平凡血肉之躯的普通人，但他从来没能完全说服他的信徒，让他们按照他的教诲做事，比如过和平安静的生活，不可忌恨邻居或试图偷窃其财物等，以此作为对他最好的纪念。15世纪中叶，当伊斯兰教徒征服爪哇时，他们发现，破坏这位"觉悟者"的温和教义，让当地人转而信仰他们自己严苛的宗教，是相当容易的事情。

婆罗浮屠在庄严的寂寞中沉睡了差不多800年。最后荷兰人决定恢复它的生机，这时候，他们发现整个建筑为茂密的树林所包围，在身穿橘黄色袈裟的僧人们曾经接受信徒以鲜花硕果供奉佛陀的地方，却有野生动物在其中觅食。

C

C 表示Carcassonne（卡尔卡松）

我的孩子，慢慢卷起你的舌头，让我们学习另一个可爱的词。

古老的卡尔卡松城堡在欧洲和其他大陆的山城中非常典型，建造这种城堡的目的是保护某个特定的山隘入口。因此，为了保卫家乡，抵御不速之客的突然侵袭，必须把它们建造得非常坚固。

　　卡尔卡松在法国南部，刚好位于法国的平原和比利牛斯山脉那些花岗岩屏障相交的地
方。在那条山脉的另一侧，是一个名叫西班牙的国家。因此，卡尔卡松在几乎两千年间都
是整个地区最重要的堡垒。今天，就像所有其他军事要塞一样，它完全没用了，因为飞机
不会为这样一个小小的人造障碍而操心，它们来往无碍，就像你迈过一个蚁穴那样轻松。

卡尔卡松在法国南部，刚好位于法国的平原和比利牛斯山脉那些花岗岩屏障相交的地方。在那条山脉的另一侧，是一个名叫西班牙的国家。因此，卡尔卡松在几乎两千年间都是整个地区最重要的堡垒。今天，就像所有其他军事要塞一样，它完全没用了，因为飞机不会为这样一个小小的人造障碍而操心，它们来往无碍，就像你迈过一个蚁穴那样轻松。

从远处看，这些层层叠叠的塔楼、城垛、扶壁，这些大门、吊闸、桥墩、壁垒、城墙，全都美丽如画，非常浪漫。但一旦进到里面——哎呀，一旦进到里面——切就跟老式监狱般快乐和舒适了！

此类城堡就是这个样子，虽然它们有着鲜艳的旗帜、可爱的骑士和淑女。它们是肉体也是灵魂的监狱。在我们取得任何真正的进步之前，它们一定会消失。现在，它们已成为过去，那就到它们的废墟中捉迷藏，然后忘掉它们吧。

D
D表示Delft（代尔夫特）

我亲爱的孙儿，代尔夫特并不是一个很重要的城市，但我还是把它加入我的集子，因为它看起来很美，因为你的大多数祖先来自荷兰，你不妨了解一下那些让你得以诞生的人。

　　这么多世纪以来，那儿的居民在自建的城墙和护城河后面实践着一种有用的政治艺术：独立自治。在此期间，要让他们屈服于别人的意志是完全不可能的，除非他们确信这件事和他们自己的愿望是一致的，而且没有违背他们的良心。

你无疑会是个善良的美国人，但某一天，比如，有人跟你说你很固执时（相信我，一点诚实的固执很有用！），你也许会很好奇，想知道你从哪儿获得了这种性格。

它可能来自一个像代尔夫特这样的荷兰小城。这么多世纪以来，那儿的居民在自建的城墙和护城河后面实践着一种有用的政治艺术：独立自治。在此期间，要让他们屈服于别人的意志是完全不可能的，除非他们确信这件事和他们自己的愿望是一致的，而且没有违背他们的良心。

但是，请记住：你的固执，就像你的其他优点（还有你的缺点）一样，应该一直用一个著名原则加以调和，那就是雅典建筑师在建造雅典卫城的庙宇时所遵循的原则：没有均衡感和节制，就绝不会达到真正的完美。

E

E表示Eddystone（埃迪斯通）

字母E有点糟，因为海水四处飞溅，还遮住了它的脊梁骨。我很抱歉但爱莫能助。因为我的字母E牢牢建在一块凶险的岩石上，埃迪斯通灯塔就被这样的岩石包围着。自然，埃迪斯通位于大海最危险、风暴最厉害的地方。

　　至于著名的埃迪斯通，它离大陆有14英里，有一段非常有趣和多变的历史。目前灯塔实际是这个地方竖立的第四座灯塔了。

现在，这座灯塔恰好保护着普利茅斯的港口，"五月花号"和"斯皮德维尔号"曾从普利茅斯出发，开始孤注一掷的远航，前往弗吉尼亚。但事实上，他们根本没有到达弗吉尼亚。"斯皮德维尔号"有点名不副实（"Speedwell"意为速度很快——译注），不得不返回英国。"五月花号"只到达了新英格兰海岸，在历经磨难和晕船的折磨后，它的乘客非常高兴来到干燥的陆地上，就没有再进一步远航。

至于著名的埃迪斯通，它离大陆有14英里，有一段非常有趣和多变的历史。目前的灯塔实际是这个地方竖立的第四座灯塔了。第一座建于1697年，仅6年后就被海浪冲走了。第二座主要用木头建成，1755年被烧毁。第三座有72英尺高，从1759年存留到1882年，之后它所在的岩石开始坍塌。第四座灯塔有133英尺高，建在旁边的另一块岩石上。

埃迪斯通的工作人员有3个。他们每年有11个月是在风暴的隔绝中度过。每年夏天，人们可乘坐拖船到达灯塔，这时工作人员可去陆地度假一个月。

这是一种奇怪的生活，不过总是有很多人非常乐意得到这份工作。因为首先，他们的邻居不会打扰他们，他们有很多时间自己思考。如果税务员寄给他们账单，他们总是能够说："自己来这里收税吧。"但税务员才不会去那里呢。

F

F表示Florence（佛罗伦萨）

古时候，据说"条条大路通罗马"。在过去的一千年中，这是对的。而当时，所有去往那座永恒之城的朝圣者，迟早都必须经过佛罗伦萨。因为从南到北、从东到西所有的大路、小路都交汇于此。

很自然，一个地理位置如此优越的地方，最终必定会发展成重要的金融中心，因为所有那些勇士和朝圣者在敲开基督教世界中心的大门前，都必须提供给自己一定的资金。

佛罗伦萨的货币兑换者站在这座城市大门旁边他们的"banco"——也就是我们今天所说的桌子——后面，桌上沉甸甸地放满各个文明国家的铸币，他们生意兴隆。

少数银行家还是有品位的人，他们不仅支付大量的钱购买漂亮的绘画和雕塑（任何富人都能做），而且还理解和热爱他们获得的这些漂亮东西——这远比前者困难得多，也非常罕见。

美第奇家族（在那些银行家中最为知名）最早的祖先是个医学博士，后来成了整个人类的恩人。因为他们让自己那座位于阿尔诺河的城市成为绘画艺术的中心，那是我们取得的最伟大的成就——优雅生活的高贵艺术。

　　古时候，据说"条条大路通罗马"。在过去的一千年中，这是对的。而当时，所有去往那座永恒之城的朝圣者，迟早都必须经过佛罗伦萨。因为从南到北、从东到西所有的大路、小路都交汇于此。

G
G是Gibraltar（直布罗陀）

　　这幅画描绘了直布罗陀真实的样子。多数人只是从广告招贴里知道这个著名的礁岩，但我们的广告人员，为了表现直布罗陀的巨大冲击力（顺便为了表现他们想让你买的那些物件的感染力），他们把整个事情完全弄错了，把悬崖画成从海洋里拔地而起的样子，但情况并非如此。其实平坦的部分更接近海洋，而悬崖最高处则远在内陆。

　　礁岩本身当然并不是西班牙地形的一个自然部分，而是一个地质异常。它是一座古老的峭壁，两英里半长，差不多1400英尺高。当地中海由湖变成海，从那片将它与大西洋隔开的陆地上撕开一条开阔的海峡时，这片悬崖就是从非洲大陆切割出一个角构成的。

　　这些肯定发生在几万年前，当时最早的人类开始从亚洲和北非向欧洲迁移，从那以后直布罗陀就被看成一个非常重要的要塞，为了争夺它，人们一直怀着极大的仇恨彼此争斗。

　　1704年，英荷联合舰队从西班牙手中夺取了这块

　　这幅画描绘了直布罗陀真实的样子。多数人只是从广告招贴里知道这个著名的礁岩，但我们的广告人员，为了表现直布罗陀的巨大冲击力，他们把整个事情完全弄错了，把悬崖画成从海洋里拔地而起的样子，但情况并非如此。其实平坦的部分更接近海洋，而悬崖最高处则远在内陆。

礁岩。和平条约签订后，英国人占据此地，此后他们一直在那儿。

他们把整个礁岩变成了一个庞大的养兔场似的地方，布满地道和隐蔽的炮台。因此，在近两个世纪，直布罗陀是通往整个地中海的要隘。今天飞机能非常安全地飞越它，直布罗陀现在的用处大约就跟空保险箱的钥匙一样。

H
H表示Haarlem（哈勒姆）

我当然可以选择其他名字以"H"开头的地方，如汉堡、哈尔拉姆特（hadramut）、香港、哈里斯堡（吉米出生的地方）、哈帕兰达以及哈姆林（"彩衣魔笛手"来自这个地方）等任一地方作画，但我选哈勒姆是因为我想向你展示只用三种颜色你能做什么。

我指的哈勒姆当然是荷兰的哈勒姆，它因郁金香而知名，还因为弗兰斯·霍斯（Frans Hals）的画而闻名，他把玩色彩就像贝多芬或巴赫把玩声音，他不为他的同时代人所理解，当他因为欠了面包师很多账（他要抚养家里的十个孩子）而被送上破产法庭时，他所有的世俗财产包括三个床垫、一个带抽屉的柜子、一个桌子和五幅画。

但他坚持作画直到死于86岁高龄。今天，如果不是因为历史

弗兰斯·霍斯把玩色彩就像贝多芬或巴赫把玩声音，他不为他的同时代人所理解，当他因为欠了面包师很多账（他要抚养家里的十个孩子）而被送上破产法庭时，他所有的世俗财产包括三个床垫、一个带抽屉的柜子、一个桌子和五幅画。

上最伟大的12个艺术家之一在此出生，这个城市就不会被标在地图上。

至于我为你画的哈勒姆的画，里面有很多我从几位著名荷兰艺术家那里借用的小细节，你妈妈或许会发现，我画中的树和霍贝玛画的著名的树有些微相似。（瓦尔特·帕奇看我的画时评论说："他们总是说只有上帝能造树，但是霍贝玛怎么也能做到呢？"你爷爷的评论是："瓦尔特是对的！"）

I

I 表示Ilium（伊利昂）

"Ilium"只是罗马人对希腊语中"Ilion"（伊利昂）的读法，是小亚细亚西北部特洛伊城周围所有领土的名字。

根据古老的希腊传说，特洛斯（他把自己的名字赐给著名的特洛伊城）的儿子伊罗斯是个伟大的摔跤手。在弗里吉亚国王宫廷的一次摔跤比赛中，他赢得了一头有斑点的母牛，国王告诉他，他可以在母牛躺下来的地方为自己建座城市。这头母牛来到达达尼尔海峡附近的一个山上休息，这个海峡是欧洲和亚洲的分界线。

古人称达达尼尔海峡为"Hellespont"，得名于赫勒（Helle），赫勒是米尼埃伊国王亚塔玛斯可爱的女儿。可怜的女孩

　　古人称达尼尔海峡为"Hellespont"，得名于赫勒（Helle），赫勒是米尼埃伊国王亚塔玛斯可爱的女儿。可怜的女孩骑着金毛公羊，试图摆脱她疯狂残暴的父亲的愤怒，却从公羊背上摔下来。她的哥哥得救了，但她却悲惨地溺水而死，她的尸骨如今躺在这道狭窄的海峡水底，数千名死于第一次世界大战的年轻同盟军士兵和水手也长眠于此。

骑着金毛公羊，试图摆脱她疯狂残暴的父亲的愤怒，却从公羊背上摔下来。她的哥哥得救了，但她却悲惨地溺水而死，她的尸骨如今躺在这道狭窄的海峡水底，数千名死于第一次世界大战的年轻同盟军士兵和水手也长眠于此。

至于伊利昂和特洛伊，以及特洛伊人和希腊人之间那次著名的争执——它激发荷马创作出那些凝聚心血的传说故事——我愿意把它们全讲给你听，但那将比现在的这本书长一千倍，我们做不到。或许以后可以讲，不过你妈妈肯定乐意告诉你所有精彩的冒险故事。如果万一她忘记了一部分，你可以问你爸爸。如果他也这么开始，"好吧，是的——让我想想……"那么你最好等到某个愉快的下午，当你的威廉姆叔叔在的时候，他会手舞足蹈，跟你讲解一切。

J

J表示Jerusalem（耶路撒冷）

顺便说一下，图画前景中的红点是十字军，而不是郁金香（一些友善的人这么认为），虽然它们可能是，因为郁金香最初来自东亚，不是来自圣地，圣地是一片贫瘠的岩石，就如你在我们这个星球其他任何地方发现的岩石一样。

　　温和的耶稣基督教导我们说，所有人都应彼此相爱，他很久以前就穿行于这个圣城狭窄而弯曲的街道中，圣城倾听、发笑，然后把他钉上十字架。当你想到这样的事实时，不由得黯然神伤。

耶路撒冷的山上很早就有人居住。以色列人在逃离埃及后（当时金字塔才只有1600岁）侵入了耶布斯人的土地，此时，其他几个闪族部落已经在这些矮山顶上建了堡垒。他们称他们的城市为锡安。大卫把这个老城的东边变成了他的皇家住宅，他保留了这个名字，你阅读《撒母耳记（下）》的第五章就会知道。

从那以后，锡安山或耶路撒冷——它真正的意思是"和平之城"——就很努力地试图变得名副其实，但一直没有完全做到。因为它不仅是犹太人的圣城，还是基督徒和伊斯兰人的圣城。这三个宗教的信徒非常确信：只有他们自己的信仰能提供通向救赎的唯一正确之路，因此，其他两个完全是错误的，根本没有存在的价值。最近的两千年中，耶路撒冷一直处于名副其实的血海中。它被摧毁、掠夺、烧毁，接着被重建，接着又被摧毁、掠夺，次数之频繁几乎超过地球上的其他任何地方。

温和的耶稣基督教导我们说，所有人都应彼此相爱，他很久以前就穿行于这个圣城狭窄而弯曲的街道中，圣城倾听、发笑，然后把他钉上十字架。当你想到这样的事实时，不由得黯然神伤。

K

K 表示Karnak（卡纳克）

卡纳克本身只是埃及南部一个可怜的小村庄，却凭借古老的底比斯废墟北半部而闻名，获得了不朽的名声。底比斯废墟是最重要的历史遗迹之一，那些遗迹告诉我们，早在几千年以前，世界某些地方的文明程度就像我们今天一样高，甚至可能更高。

最后一座大金字塔建成一千年以后[差不多比华盛顿（哥伦比亚特区）的建立早4600年]，埃及国王决定从孟菲斯迁都至底比斯，他们在新居住地生活了将近1200年，整个城市都盖上了巨型庙宇，埃及人以此作为祭奠诸神的地方。后来，底比斯再次遭到废弃，尼罗河淹没了周围的地区，因此，今天这些庙宇处于年久失修的惨淡状态。

亚历山大大帝参观这些庙宇时，它们已经表现出严重的衰朽迹象（那时它们还只有1300年的历史）。它们的恢宏给亚历山大留下了如此深刻的印象，于是，他掏钱修复了几个大型宴会厅。

就像埃及的其他东西一样，这一大片废墟的墙上全是象形文字，那些神秘的小图形是为后代保存口头文字而发明的。

不幸的是，当基督教征服了古老的众神并对亚历山大大帝的最后一批哲学家以私刑处死后，阅读和书写这种古老的埃及象形文字的艺术受到野蛮的压制。在接下来的1500年间，没人能够阅读这种象形文字。之后，一位杰出的法国人商博良发现了开启这个秘密的钥匙。

然而，他花了差不多20年破译起初的8个象形文字。他在从事这项工作时去世，死于过度劳累。但是，因为他的努力工作，现在我们阅读象形文字才能像你的爷爷读《米德尔堡报》一样容易。

　　卡纳克本身只是埃及南部一个可怜的小村庄，却凭借古老的底比斯废墟北半部而闻名，获得了不朽的名声。底比斯废墟是最重要的历史遗迹之一，那些遗迹告诉我们，早在几千年以前，世界某些地方的文明程度就像我们今天一样高，甚至可能更高。

L

L表示London（伦敦）

这幅伦敦城的图画和今天的伦敦没什么共同之处。它描绘了著名的古伦敦桥和其他地标，比如前景中的环球剧院，威廉·莎士比亚先生为了那些仰慕他的资助者，曾在这里上演他迷人的喜剧和严肃的正剧。

然而，几乎所有这些地方都在1666年的大火中消失了，这场大火从9月2日肆虐至9月6日，烧毁了400条街道、13200栋房子、87座教堂。大火紧随1665年的大瘟疫之后发生，那场瘟疫令68000人丧命。

不过，伦敦是世界上若干"天生的城市"之一，因此很快得以重建。从那以后，它一直是现代最大帝国的中心。

伦敦本是隐身于泰晤士河和米德尔塞克斯森林之间沼泽地某处的凯尔特小村庄，对它来说，这显然是一种奇怪的命运。公元前54年，恺撒对英国做了那次著名的造访，在此之前，没有一个文明人看见过这里。

如今，伦敦有一万多条街道，差不多是巴黎街道的两倍长。如果把它们首尾相连，就能从欧洲的一端通到

　　伦敦本是隐身于泰晤士河和米德尔塞克斯森林之间沼泽地某处的凯尔特小村庄，对它来说，这显然是一种奇怪的命运。公元前54年，恺撒对英国做了那次著名的造访，在此之前，没有一个文明人看见过这里。

另一端。伦敦还有大约20个火车站，单是市区范围内的铁路线就有100多英里。1927年，伦敦的进出口总额超过706 000 000英镑。在那个幸福的时代，1英镑的价值相当于5美元。所有这些货物都用2700万吨位的船只从港口运入运出。

伦敦还是英国最大的制造业中心，在街道上，你会遇见来自世界各地的人，听到世界各地的语言。

M

M表示Moscow（莫斯科）

相对而言，莫斯科算是一个新兴城市，它位于从波罗的海向乌拉尔山和里海伸展的大平原的中心地带。最初，这些大平原上居住着罗马人称为"Slaves"或"Slavs"（斯拉夫人）的人种，也就是我们现在所说的俄罗斯人。

大自然（这大约是你长大后了解的第一件事情）憎恨空白。大自然一看到一块儿空地，就会召唤附近的邻居说："来占领这里吧！"于是，这大片空地，巨大的空白，逐渐被各种新来者占据，他们迫切地寻找一片片富饶的地块，以种植庄稼和扶养家人。

然后，古挪威人从瑞典和挪威来了，他们在早期定居者中间建

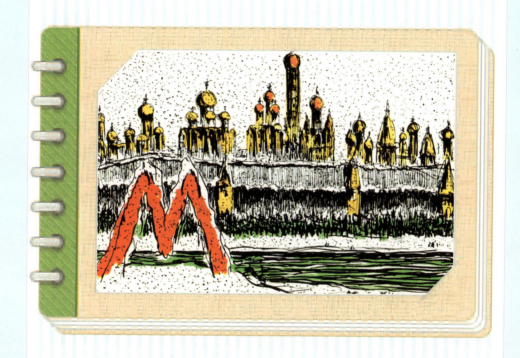

  莫斯科算是一个新兴城市，它位于从波罗的海向乌拉尔山和里海伸展的大平原的中心
地带。最初，这些大平原上居住着罗马人称为"S l a v e s"或"Slavs"（斯拉夫人）的
人种，也就是我们现在所说的俄罗斯人。

立了很多小公国。

接着，拜占庭的希腊人从君士坦丁堡来了，他们强迫这些可怜的异教徒接受他们自己的那种基督教信仰。

之后，从亚洲来的匈奴人和鞑靼人出其不意地突袭了此地，毁坏了古挪威人和希腊人精心建造的一切。不过，在这些野蛮人几百年悲惨的奴役之后，莫斯科的统治者最终完成了从不堪忍受的外族奴役中解放同胞的重任。他们成功了，不过他们刚一击败鞑靼人，就转而把俄罗斯人变成了他们自己的奴隶，这种状况一直持续到几年前，然后，就轮到这同一群显要的莫斯科公爵——现在被抬升到恺撒们或沙皇们的地位——被剥夺权力，被射杀得千疮百孔或被流放。

从那以后，莫斯科就成了一种有趣的新型人类行为实验的中心。如果莫斯科的新主人没有通过那些让古俄罗斯成为残暴和专制的代名词的同样的方式达到他们的目的，就我个人而言，我会更高兴一点。

所有这些的最终后果是什么，等你给你的孙子写字母表的时候，你也许能告诉我。

N
N表示Naples（那不勒斯）

那不勒斯的本义是"Nea-Polis"，亦即"New Town"（新城），它其实是座古老的城市。

希腊人发现，那不勒斯拥有开阔的海湾，是和当时居住在意大利中部的野蛮人进行贸易的便利场所。希腊人非常看不起罗马人，就像我们国家最早的定居者鄙视居住在平原和森林的印第安人一样鄙视他们。

然而最终，同样是这些受轻视的意大利人——虽然缺乏想象力、不太擅长艺术，但在管理其他民族方面却表现出突出的天分——很快吞并了整个希腊，那不勒斯也变成了罗马人的一个殖民地。

不过，在整个这个时期，那不勒斯努力保留最初的希腊特点的某些痕迹，它一直是全世界最可爱的城市。它几乎没完没了地在人类一贯服从的最无耻卑劣的政府统治下受苦。它被地中海沿岸地区的各种社会渣滓反复掠夺，这些人包括撒拉逊人、古挪威人和西班牙人，后者统治那不勒斯达几个世纪。最后，这座城市被思想龌龊、无可救药的、愚蠢的波旁家族带到了绝望的边缘，他们要为像"炮弹国王"斐迪南二世这样可怕的恶魔负责。

　　希腊人发现，那不勒斯拥有开阔的海湾，是和当时居住在意大利中部的野蛮人进行贸易的便利场所。希腊人非常看不起罗马人，就像我们国家最早的定居者鄙视居住在平原和森林的印第安人一样鄙视他们。

此外，那不勒斯还被几次很严重的地震破坏，最糟糕的一次发生在差不多两千年前。当时维苏威火山毁坏了庞培和赫库兰尼姆的富饶城市。这些城市现在正从它们被火山灰覆盖的墓地中再次缓缓兴起。

尽管如此，这个城市仍和最早的希腊商人踏足于伊斯基尔岛时一样可爱。那时，他们烹制章鱼触角，充当龙须菜，直至今日，他们喜欢的这道菜几乎在每个街角都仍有出售。

O

O表示Oahu（瓦胡岛）

"Oahu"一词来自古老可爱的夏威夷语，那种语言现在濒临消失。因为今天的夏威夷男孩女孩从我们的漫画增刊里学习他们的字母，就像他们从好莱坞的电影里学习我们的习惯和生活方式那样。

瓦胡岛是詹姆斯·库克船长发现的夏威夷群岛中的一个岛屿，他称夏威夷群岛为三明治（Sandwich）群岛。他想出这个特别的名字，并非因为他那会儿很饿，而是因为那时恰好有位桑德奇勋爵（Lord Sandwich）担任英国海军的头目，就是这位桑德奇勋爵发明了我们方便实用的"黑麦面包夹火腿"。这样，当上议院的会议持续到后半夜时，他有东西可吃。

  瓦胡岛是詹姆斯·库克船长发现的夏威夷群岛中的一个岛屿，他称夏威夷群岛为三明治（Sandwich）群岛。他想出这个特别的名字，并非因为他那会儿很饿，而是因为那时恰好有位桑德奇勋爵（Lord Sandwich）担任英国海军的头目，就是这位桑德奇勋爵发明了我们方便实用的"黑麦面包夹火腿"。这样，当上议院的会议持续到后半夜时，他有东西可吃。

　　火奴鲁鲁是该地区最重要的城市，位于瓦胡岛，它离比它大很多的夏威夷岛只有几英里远。所有探险者里最善良、最仁慈的人——库克船长，在夏威夷岛因为和当地土著的误解而遭遇杀身之祸。

　　就像夏威夷群岛（它覆盖的长度达1578英里）的所有其他岛屿一样，瓦胡岛是个可爱的地方。一个世纪以来，白人不遗余力地破坏它，使它看起来像芝加哥或布里奇波特的一个郊区，但即使到今天，它仍然像通往天堂的大门。

　　瓦胡岛也有自己的小直布罗陀海峡，叫"钻石山"，它是整个太平洋最坚固的要塞。

　　你会再次看到，基督文明给这些古老的食人族异教徒带去了多么惊人的福祉。我们从不吃人，确实，我们有时彼此杀戮，但那总是出于良好的初衷，之后我们总是说我们非常抱歉。

P

P表示Paris（巴黎）

　　这个城市需要色彩，需要50年的和平和安宁，需要一场突然的革命把它从政客、骗子和乞丐（国内和国际的）手里解放出来。这个城市应该归还给法国。然后，它也许会再次变成全世界最可爱、最美的城市，就像这么多世纪一直以来的那样：所有的男人和女人眼里都充满欢乐，对生活中的美好事物——从美食到伟大的思想，内心都怀着真正的爱。

　　像伦敦一样，巴黎也是座"天生的城市"。差不多两千年以前，巴黎兴起于西欧荒野东西南北的主要干道交汇的地方。在它建立的地方，塞纳河水很浅，人和牲畜可穿河而过而不会被淹死。浅滩中间立起一座沙堤，就是今天所谓的西堤岛——"城市之岛"，它是这个城市最古老的部分。

　　罗马人修筑这座沙堤，应该是为了完全控制这两条大的贸易路线。他们称自己的堡垒为鲁特提亚·巴黎斯若姆（Lutetia Parisiorum），因为它是一位当地女神的神殿，刚好位于巴黎斯人的领地上。随着时间的流逝，鲁特提亚·巴黎斯若姆一词逐渐缩短，成了今天

　　像伦敦一样，巴黎也是座"天生的城市"。差不多两千年以前，巴黎兴起于西欧荒野东西南北的主要干道交汇的地方。在它建立的地方，塞纳河水很浅，人和牲畜可穿河而过而不会被淹死。浅滩中间立起一座沙堤，就是今天所谓的西堤岛——"城市之岛"，它是这个城市最古老的部分。

简单的巴黎。

巴黎优越的地理位置很快使它成了最重要的市场，罗马人使它成了平民生活的中心和所有高卢人军事管理的中心。

罗马帝国灭亡后，巴黎总算挺过了遍及欧洲的动乱，最后成了法国国王的居住地。这些国王和王后陛下在此（断断续续）居住了800年。随即巴黎成了一个帝国的首都，接着是另一个王朝，接着是另一个共和国，接着是第二帝国，接着又是另一个共和国，全都建都于此。但无论谁统治这个城市，巴黎都保留着自己的本来面目，聚集着一切迷人、有趣、新颖的东西，还有大量与之正好相反的东西。

至于怪兽滴水嘴，哎呀，还是别提了。它们就会坐在那里望着前面。

不过，如果巴黎圣母院的怪兽滴水嘴愿意张开它们的嘴，它们会讲述一个什么样的故事，一个什么样的故事啊！

Q

Q表示Quarry（采石场）

　　采石场当然不是城市，你可能想知道我为什么会把它拉进来。没有多少以"Q"开头的城市供我使用。魁北克（Quebec）可能使你想到一家旅馆，我实在不知道能从哪找到一幅基多（Quito）的图画，即使找到，它很可能看起来就跟南美的任何其他城市一个样。

　　小村庄四臂村(Quatre Bras)显然在世界历史上扮演了一个重要角色。荷兰亲王奥伦治率领的联合先锋部队就在那里将拿破仑的军队拦截了足够长的时间，普鲁士将军布吕歇尔因而得以及时赶到滑铁卢，最终使得英国公爵威灵顿击败了法国部队。如果这些没有发生（细节在生活中扮演了很重要的角色），你现在生活的地方可能叫"Monts Verts"（法语，佛蒙特——译注），而不是"Vermont"，你可能会说："Un peu de lait, s'il te plaît, maman,"而不是说："May I have my milk, please?"（我能喝点牛奶吗？）

　　不过，既然我没找到合适的以字母Q开头的城市，我就决定为你画一个采石场。因为正是你自己的州，给我们提供了所有用以建造公共建筑的宏伟的大理石。结果，你几乎在美国的每个地方都能发现一点佛蒙特州的影子。

　　我在很多国家居住过，在各地都发现有很多友好的人，但我不会加入那些只夸耀自己的小村庄而看不起别人出生地的人。

我在很多国家居住过，在各地都发现有很多友好的人，但我不会加入那些只夸耀自己的小村庄而看不起别人出生地的人。不过，同时我也认为，每个人都应该热爱自己出生和扎根的地方，因为那会使我们渴望做让家乡人们感到骄傲的事。在你启程前往未知的生活之海时，那是一个为你导航的不错的指南针。

R
R表示Rome（罗马）

罗马——"永恒之城"，是过去2500年发生的几乎所有重大事件的中心。

我个人不像喜欢雅典、巴黎，甚或多塞特、佛蒙特或费勒一样喜欢罗马，但那是口味问题。我尊敬古老的罗马人并羡慕他们。他们拥有合理、务实的常识。他们修路，卓有效率地管理全世界。然而，他们对纯粹的思想、绘画或其他艺术没有感觉。他们从国外（多数是希腊）引进艺术家和哲学家，就像我们多年来忙于修铁路、架桥、挖矿、通过获取藏在地下的宝物致富时，我们曾从欧洲输入音乐家、歌唱家和画家一样。

当然，我们应该公平，要从两方面看问题。实际上罗马给了这个世界某种空前绝后的东西，它给了它的臣民三个世纪绝对的和平与秩序，以及完全的安全感。但自从罗马不再是世俗帝国的领袖之后，它就成了另一种帝国的中心，据说它专门解决人类的不朽灵魂

41

罗马——"永恒之城"，是过去2500年发生的几乎所有重大事件的中心。

问题。随后罗马陷入罪恶时代，因为它导致了比古罗马多得多的痛苦、不幸、流血、仇恨和暴行，古罗马从来没有追求过超出国际警察和征税者之外的角色。

我非常明白，你对待这个问题的态度几乎完全取决于你成长的方式。我不会说我的感觉是对的，但那就是我感受的方式。最好用桌上所有的牌明明白白地玩儿生活的游戏，而这就是我的牌。

S

S表示Stockholm（斯德哥尔摩）

斯德哥尔摩是瑞典的首都，但还不仅于此。它还是为一群天才树立的丰碑，他们意识到自己属于一个独立的国家，却真诚友好，对邻居没有任何恶意，他们显然明白这样的事实：一个人若能最好地服务于自己的国家，那么，他也能最好地服务于其他人类。

瑞典距离世界其他地方很远，但同时却又信息灵通，知晓天下事，这确实是件相当令人惊奇的事情。虽然他们从前在北欧历史上扮演了非常重要的角色，但现代瑞典人并不满足于生活在祖辈的荣誉中。他们把辉煌的过去当作他们目前正在做以及将来希望做的重大事情的适当背景。

这是我向你描绘瑞典首都斯德哥尔摩市政厅的原因。顺便说一下，它也是最近300年来最漂亮、最激动人心的建筑之一。

斯德哥尔摩是瑞典的首都，但还不仅于此。它还是为一群天才树立的丰碑，他们意识到自己属于一个独立的国家，却真诚友好，对邻居没有任何恶意，他们明白：一个人若能最好地服务于自己的国家，那么，他也能最好地服务于其他人类。

等你长大后，如果你告诉我说自己的家乡比其他地方都好，你不想浪费时间参观其他国家的任何城市，它们对你来说不过是一个名字和手提箱上的一个标签，除此之外没有任何意义，那么，我当然不会不合时宜地提起斯德哥尔摩。但是如果你某一天去斯德哥尔摩，我会非常高兴。因为你自己就属于一个擅长在北部地区工作的民族。在瑞典，你会突然意识到，一群有着坚定信仰和勇气的男女（即使在最不利的环境下）能取得多大的成就，他们显然从最初的孩提时代就知道，明智的众神除了在汗水和劳动上对人类慷慨地同等对待外，不会给我们任何东西。

T

T表示Tibet（西藏）

关于西藏高原，它的平均高度在15000英尺以上，这的确是世界上最高的地方。南美洲的波利维亚高原的高度是在11000至13000英尺之间，但那里实际上是无人居住区，而拥有相当于五分之二俄罗斯领土面积的西藏，人口差不多有200万人。

西藏的事实表明了人体所能适应的空气压力的极限。那些跨越里奥格朗德山，已经在墨西哥首都愉快地小住过几天的美国人，还是会觉得不舒服，而那里的高度才7400英尺。事先就有人警告他们说，每当他们走半个街区的距离时，就不要像在家里时那么急，而要放松，直到心脏不再像大锤那样猛烈跳动时为止。西藏人一天不

西藏每年至少有6个月的时间是被覆盖在冰雪之下的，温度常常是在零下30摄氏度以下。

仅要走一百个街区，而且还要背着这个地区所需的各种物资去穿越各个山口，而这些山口对于骡马来说，通常显得太陡峭了，而这些山口是他们与外部世界联系的唯一渠道。

尽管西藏比处于亚热带的西西里岛还要靠南约60英里，但是，此地每年至少有6个月时间是冰雪覆盖，温度常常是在零下30摄氏度以下。然而，这个高原上尽管可怕的风暴猛烈地刮过南部荒凉的盐沼泽，扬起的灰尘与雪给人们的生活带来极大的不便，但是它还是成为非常令人感到新奇的宗教场所。

U
U表示Upernivik（乌佩纳维克）

U（一个很小的u）代表乌佩纳维克，因为乌佩纳维克本身就是个很小的地方。然而它出名肯定是有原因的，因为它是世界最北的村庄。实际上，它如此接近北极（北纬72° 47′），一年有11个星期（从11月12日到1月30日）太阳从来不会出现在地平线上。整个村子不得不生活在完全的北极黑暗里，可是（这真的很奇怪）这些人不仅生存了下来，而且事实上他们好像仅仅从生存中就能获得很多快乐。

孤独的格陵兰岛埋藏在一英里厚的冰雪下面，我没到过那里，但所有到过这片陆地的人——他们和爱斯基摩人从不相干——都告诉我，这些邋遢、矮小、斜视的生物（上帝的冰冻子民，可以这么说）好像有一种追求幸福的强大能力。很明显，人们在爱斯基摩村

　　当然，一位古老的希腊哲学家曾经讲的一句话或许有点道理，他说，你不能通过增加一个人的财产让他变得更加快乐，却可以通过减少他的欲望达到这个目的。

子的一天，听到的笑声和看到的笑脸比在纽约第42大街一个月听到看到的还多。

我无法确切地告诉你为什么这样。当然，一位古老的希腊哲学家曾经讲的一句话或许有点道理，他说，你不能通过增加一个人的财产让他变得更加快乐，却可以通过减少他的欲望达到这个目的。在我们国家可能很少有人赞成这个观点，因为我们的西方文明建立在这样的思想之上：它使人们渴望拥有财产，拥有越来越多的财产，直到最后我们所有人都被这些没用的玩意搞得不堪重负，我们渴望只做几天的爱斯基摩人，穿着用北极熊的皮制作的旧衣服，在自家的圆顶冰屋附近悠闲度日，吃着用鲸鱼油烹制的漫长的晚餐，根本不管什么刀叉、勺子或盘子，房子周围没有没用的东西，在绚丽的北极光下坐着雪橇滑行。在这幅画的上部，北极光明显可见。哦，我的孩子！我以我想要的方式画它有什么麻烦的呢！

V

V表示Venice（威尼斯）

我非常希望用V表示费勒（Veere），那个奇妙的小城似乎也漂浮在海面上，有一天你将在那儿拥有一座建于1572年的房子，一座漂亮的老房子，墙壁略有点晃，但在精致的橡木屋顶下，它仍然会让你感到愉快，发出轻快声音的火炉让你感到温暖。但是，我画了很多幅费勒的画，我认为应该到此为止。为了变化一下，我将为你

　　今天的威尼斯人不再用贡多拉，而是用舷外发动机，日日夜夜、随时随处都能听到它发出的"突突"声，它极大地破坏了使威尼斯舒适宜人的、古老的宁静。但人们现在说他们终于能快速"到达"了。

画亚得里亚海上的威尼斯，它是所有古城中最可爱的一个。

这个城市不像其他城市那样古老，古罗马时代它还不存在。因为当时罗马的统治一流，没有人仅为了安全搬到一个寒冷潮湿的咸水湖的沙滩上，罗马士兵会保护他们。然而，随着罗马日益衰老疲惫，它对什么事都漠不关心（在这种情况下，国家就像人）了，这时来自亚洲的饥饿的游牧民族已经不在罗马警察的控制之下，他们拥向南欧各地。然后，欧洲大陆上的很多意大利人就被迫在波河入口处北边泥泞的岸上寻找避难所。

他们在那儿生活非常艰辛，为了养活自己，他们从事制盐生意，不久他们完全垄断了盐业贸易。垄断意味着你拥有某种其他人都需要但只有你能提供的东西。结果你就能随心所欲地向你的顾客漫天要价了。

因为全世界都需要盐，而只有威尼斯有足够的盐满足这种需求，所以，威尼斯就变得繁荣兴旺起来。它花钱组建了一支庞大的舰队，然后利用这支海军使自己成为中世纪最重要的殖民力量。威尼斯人通过这种方式获得了印度香料贸易的垄断权，他们把他们的沙丘变成了世界上最奇妙的城市，所有的街道都是运河，所有的交通工具都是被称作贡多拉的平底小划船。

今天的威尼斯人不再用贡多拉，而是用舷外发动机，日日夜夜、随时随处都能听到它发出的"突突"声，它极大地破坏了使威尼斯舒适宜人的、古老的宁静。但人们现在说他们终于能快速"到达"了。

我想知道——他们要到哪儿去呢？

W
W表示Washington （华盛顿）

华盛顿是我们国家的首都，一个有着惊人历史的城市。不像大多数其他大城市，华盛顿是作为我们的政府驻地而特意建造的。

巴黎、罗马和伦敦都是天生的城市，处在某个位置便利的地方，有过河的桥或可涉水而过的浅滩，它们开始是村庄，接着不断发展，直到拥有百万居民。其他一些城市，如阿姆斯特丹、哥本哈根或里约热内卢，则是作为方便对外运输的港口起步的。还有一些城市，如马德里或维也纳，则是在皇家城堡周围发展起来的。但像澳大利亚的首都堪培拉一样，华盛顿在今天这个地点建立，是因为一个新国家需要一个新首都，因为所有的老城彼此忌妒，它们绝不会让一个竞争对手夺走作为首都的荣誉，最后还因为有些事情必须要做而且必须马上做。

因此，1790年，美国决定在马里兰和弗吉尼亚荒野的中心地带建造联邦城，但位于波托马克河岸边，位置很便利，离华盛顿总统的乡村居住地弗农山庄不太远。

联邦城的规划由一位叫朗方(l'Enfant)的法国工程师提出，1793年，国会大厦奠基。参议院、众议院和最高

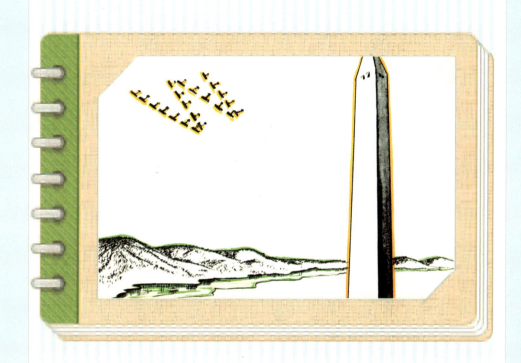

　　1812年战争爆发了，英国人占领了这座小城，烧毁了国会大厦和总统府。后者重建时，为了遮盖火烧的黑色斑迹，刷上厚厚的一层白色涂料，从那之后，它就被称为白宫。

法院将愉快地共存于这同一个圆屋顶下。

7年后，政府从纽约搬往弗吉尼亚的新家。10年后，它还是个只有8000居民的村庄。随后1812年战争爆发了，英国人占领了这座小城，烧毁了国会大厦和总统府。后者重建时，为了遮盖火烧的黑色斑迹，刷上厚厚的一层白色涂料，从那之后，它就被称为"白宫"。

自此，白宫发言时，全世界都密切关注。但愿你能活到可以听到它缜密智慧语言的时候。因为我们的国家还年轻。不过我们拥有巨人的力量，国家的幸福将取决于我们如何利用大自然交给我们看管的财富。

X

X表示Xanadu（上都）

忽必烈汗在上都曾经

下令造一座堂皇的安乐殿堂：

那儿有圣河阿尔浮，

穿过深不可测的岩洞，

流入不见阳光的海洋。

(摘自塞缪尔·泰勒·柯勒律治《忽必烈汗》诗——译注)

　　忽必烈汗维持了历史上最有效率的邮政系统，他派遣科学和军事探险队前往印度、非洲、爪哇和马达加斯加。

你猜到了，X代表上都，但是，请别问我更多有关这个神秘城市的问题，因为我知道的只有这个名字。

当然，忽必烈汗是位著名的勇士，每本历史书上都会写到他。他是伟大的蒙古民族首领成吉思汗的孙子，成吉思汗几乎比其他任何曾从事杀戮的人都征服过更多的人，毁灭过更多的生命。

至于忽必烈（一般来说，他的名字结尾有个字母"i"），他试图追随他祖父的足迹，因此，他在古老的中国领土的中心建立了自己的新王朝。随后，他建造了一座非凡的新首都。忽必烈就在那儿居住下来。他是位非常伟大的君主，当勇敢的威尼斯人马可·波罗开始访问这个偏远的地方时，忽必烈汗对他很友好。顺便说一下，就是这位忽必烈汗试图说服罗马教皇给他派一些传教士，这样他可以让他的臣民受到基督教真理的教育。然而，教皇对这个想法并不感兴趣。

忽必烈汗维持了历史上最有效率的邮政系统，他派遣科学和军事探险队前往印度、非洲、爪哇和马达加斯加，如果所有这些使你对这位异教统治者充满好奇，想了解更多，那么，就让你父亲给你买本《马可·波罗游记》。如果你把它送给我，我会画很多小图，给你提供其他很多忽必烈在上都阿尔浮河边所建的恢宏的圆屋顶殿堂的图画。

Y
Y表示Yedo（江户）

　　江户是日本东京的旧称，直到15世纪中叶，它还是个小村庄。然而，大约在哥伦布发现美洲的同时，日本天皇被军队的最高指挥官剥夺了权力，后者成了日本国土上的独裁者，他被称作"Shogun"，是汉字"将军"的意思。

　　将军的家族——德川家族身居如此高位长达300多年，而真正的天皇直到19世纪中期才恢复他们以前的影响力。实际上，当1854年第一批美国人到达日本海岸时，我们的舰队指挥官发现，要弄清楚到底应该跟谁签商业谈判的协议是很困难的，天皇还是幕府将军？14年后，一场革命把日本天皇再次推回他祖先的宝座上，这个问题就彻底解决了。

　　因为江户一直是幕府将军的居住地，所以，当这些势力强大的贵族回到私人生活中时，这个城市失去了很多以往的重要性。但作为东京，它仍是日本帝国的首都，今天它有超过200万居民，说明日本人在学习、效仿西方人方面取得了多大的成功。因为多数西方国家的首都都人口过多。

　　江户一直是幕府将军的居住地，所以，当这些势力强大的贵族回到私人生活中时，这个城市失去了很多以往的重要性。但作为东京，它仍是日本帝国的首都，今天它有超过200万居民，说明日本人在学习、效仿西方人方面取得了多大的成功。

关于日本我没法告诉你很多，因为我从来没去过。我很想在它拒绝和世界其他地方发生联系的三个世纪里造访它，因为根据日本著名艺术家的绘画来判断（他们画得多美啊！），那时日本一定是个非常可爱的国家，人们有着独创、快乐的想法。如今它跟世界其他地方非常相似：工厂、士兵、更多工厂、更多孩子、监狱和劣质的工艺，每个人都在没人能找到幸福的地方寻找幸福——在自身以外寻找幸福。

Z
Z表示Zermatt（采尔马特）

字母Z代表采尔马特，是位于瑞士一条狭小山谷尽头的一个小村庄，一个完全不为人知的地方，除了附近一座看起来奇怪的山峰——著名的马特霍恩峰，它吸引了一代又一代的人。

马特霍恩峰约15000英尺高，是一座由岩石组成的金字塔形山峰，非常有个性。它是一个易怒、爱发脾气的老魔鬼，当它冰雪覆盖的侧面狂怒地震动时，当一个人的生命完全依赖他的力量和勇气时，它的脾气会突然爆发。

我知道这座山大约有40年了，但我从来没接近过它的山顶。我很抱歉，现在进行这样的冒险太晚了，不过我年轻时也不被允许做

　　马特霍恩峰约15000英尺高，是一座由岩石组成的金字塔形山峰，非常有个性。它是一个易怒、爱发脾气的老魔鬼，当它冰雪覆盖的侧面狂怒地震动时，当一个人的生命完全依赖他的力量和勇气时，它的脾气会突然爆发。

这种尝试。恐怕我的父母记得1865年7月的那个可怕日子，山峰最终被征服，但付出惨重的生命代价（7个人里有4个跌入4000英尺下方的冰川而被摔死），虽是第一次登顶，也可能预示着这是最后一次。此外，他们还想到，既然从山顶看到的风景据说不比多数附近的其他山峰更好，而后者的危险程度却不到它的一半，那为什么爬马特霍恩山呢。

有一天，你也许想自己做这样的冒险，我不知道那时我该建议你做什么。我痛恨看着你走，但我不会告诉你待在山谷里，我也不会费心告诉你从山顶看到的风景。因为我关心的是，你甚至根本不必到达距离它光滑的山顶一千码的范围内。因为登山运动就像生活一样，只有努力才有价值，生活中最重要的事情在于奋斗本身，在于你的决心：机智地克服困难、坚忍不拔地承受失败、明智理性地与自然搏力。在任何时候都记住：对我们所有人来说，没有比认识到全力做好我们的工作更大的回报。

围尔脖的故事

01 围尔脖出场了

哈多克夫妇终于打定主意去欧洲了，他们让儿子留下来经营父亲的生意。小哈多克觉得这样的安排很不错。因为，一来，他几乎完全自由了，二来，从父母离开家那天开始，他的薪金涨了37美元19美分。一到星期五（星期五是发薪金的日子），小哈多克就去棒棒糖商店买了一大堆他一直想要的东西。小哈多克觉得自己家人都在游览巴黎、罗马（也许还有牛津）这样的名胜，自己也应该有点世界眼光，于是给自己买了一只英国手杖，一套日本和服，一双土耳其拖鞋，一只瑞士手表，一副法式背带，还有一顶新帽子——这顶帽子是马萨诸塞州波士顿生产的，名叫"围尔脖"。

围尔脖是一顶很漂亮的帽子，可是这次

小哈多克为自己置办了全套行头

宙斯靠着收音机恢复了它的统治

旅行却让它很不开心。围尔脖对离开家这么远感到非常屈辱，于是，在主人的卧室里，它成了令那些谦卑的同伴们最讨厌的一员。帽子围尔脖开始对塞利姆、加藤和计时器威力指手画脚，给它们讲哈佛博物馆里玻璃花的故事，还有《记录报》的星期二增刊，它还说手杖克拉伦斯是个游手好闲的纨绔子弟，背带伯特兰应该回到一个人们穿背带的国家。它还很淘气，而且因为大家都很有教养，不愿与它争辩，它便提高了嗓门，吵吵嚷嚷地说话，最后连宙斯都发现了它，把它捡了起来。

当然了，多数人早已忘记宙斯和其他主神，但他们可从来没忘了我们。只不过世界变得越来越大（好几个世纪以来一直是这样），他们发现以前管理众生事物的老本行现在越来越难做了。他们不再年轻，也不可能对任何事情都了如指掌了。幸好有一台灵敏的收音机，宙斯靠着它才又恢复了统治。

02 宙斯发现了围尔脖

宙斯发现围尔脖纯属意外。当时宙斯正打算收听埃迪·坎特的节目，但有一次他听到围尔脖的声音，突然心血来潮，决定要听完整个故事。

最后宙斯受不了了。

"埃俄罗斯！"宙斯叫道，"嘿，埃利，到我这儿来！"

埃俄罗斯的表弟——龙卷风塔姆

埃俄罗斯正在玩ZR-3，但他服从宙斯那著名的声音。

"好的，叔叔，"埃俄罗斯从远处喊道，"您要我做些什么？"

"听着！"宙斯命令道，"找到这个家伙，把它吹到康姆国去。"

"好的，叔叔！"埃俄罗斯欢叫了一声，从奥林匹斯山顶跳到了马特峰。

03 小埃俄罗斯出现意外，无法完成任务

可不幸的是，小埃俄罗斯在一块冰上滑倒了，摔得很严重，只好一瘸一拐地越过海洋（因为这个原因，ZR-3才这么容易地就出现在这儿）。但是，埃俄罗斯在匆忙中忘记了一件事。进入希腊的限额4年多以前就已经满了，因此埃俄罗斯不能取道埃利斯岛，这让他很难过。埃俄罗斯不想让叔叔失望。就在要被驱逐出境的时候，埃俄罗斯突然想到一个远房表弟，很多年前，他们在他父亲位于海底的皇宫佩西多利亚见过面。

这个表弟是一个奥卡努斯人的儿子，小时候去过美国，是变成龙卷风去的。据说这个表弟干得很漂亮，他没有用那个旧的名字——利帕拉得斯·斯得亨布罗斯，而是给自己起了一个简单的名字——龙卷风塔姆。

埃俄罗斯从埃利斯岛上的警卫那里借了一支自来水笔，草草写了一封信，解释了一下事情的经过，他说他很遗憾未能完成这个任务，但是他相信利帕拉得斯（为了家族的荣誉）能够完成宙斯叔叔赋予的使命。

还有四天就要出海了，埃俄罗斯接到了一封无线电报，上面说："没问题。代我问候坦佩和亲戚们。"

04 龙卷风塔姆发威

当天晚上，轮船公司发行的《大洋邮报》上出现了这样一则消息：赫尔辛基——经由日内瓦与迪尔菲尔德：据报道，由美国西部数州形成的飓风可能已造成约5000万美元的损失。

一个星期以后，埃俄罗斯在雅典登陆的时候，看到《卡分尼昂日报》上报道了这场灾难的详细情况。

可是，埃俄罗斯是一个正直的少年。他把事情的经过原原本本地告诉了叔叔，说他很难过，他自己没能帮上忙。

"我的孩子，"老宙斯答道，"你尽力了。另外，我很满意。血缘特征是隐瞒不了的。真的是隐瞒不了。利帕拉得斯还是我们家族的一员。他现在投共和党的票，所以他还没忘记怎样服从命令。"

"他找到那个严重冒犯您的人了吗？"

"那不是一个人，那是一顶帽子。"

"他惩罚它了吗？"

"利帕拉得斯惩罚它了，是吗？"

轮船公司发行的《大洋邮报》上出现了这样一则消息：赫尔辛基——经由日内瓦与迪尔菲尔德：据报道，由美国西部数州形成的飓风可能已造成约5000万美元的损失。

"他惩罚它了。"

"他是怎么惩罚它的？"

"他把那帽子直接吹到地球外面去了。"宙斯一阵大笑，于是东京、乌佩纳维克和利马同时发生了地震。

5月8日4点07分，龙卷风来了。

05 围尔脖离开了地球

4点07分12秒，帽子围尔脖被吹到地球外面去了。

48567321985年6月17日早上7点41分的时候，帽子围尔脖以每秒128954389785码的速度，飞越了宇宙的最后边界。

帽子围尔脖立即掉到一个幽暗的地道里。人类的苦难从远古时代开始，穿过层层遗忘的花岗岩，形成了一个地道。

在地道里掉落了800年以后，帽子围尔脖遇见了一个它觉得很熟悉的东西。

48567321985年6月17日早上7点41分的时候，帽子围尔脖以每秒128954389785码的速度，飞越了宇宙的最后边界。

帽子围尔脖落到了一个叫作嘿嘀的大湖中间，溅起了一大片水花。

"真奇怪！"帽子围尔脖心想，"要是我不在这个偏僻的地方，我会觉得这是副人骨架。"

帽子围尔脖是一个聪明的家伙。尽管它在以每秒128954389785码的速度下落，它还是没有看错。那是犹大的骨骸。在时间终止以后的3分钟以内，它得一直待在那里。

半小时以后，帽子围尔脖落到了一个叫作嘿嗬的大湖中间，溅起了一大片水花。

这一路的历险让帽子围尔脖很疲惫，头昏眼花，它用了一整页纸来歇口气。

06 有客人来访

　　三个星期以后，帽子围尔脖醒了过来，发现有一个客人来拜访。蟋蟀锡德里克来拜访帽子围尔脖了。

　　"你好！"帽子围尔脖说，"你是谁？"

　　"晚上好！"一个快乐的声音小声唧唧道。

　　"我的名字叫直翅目蟋蟀，他们都叫我'锡德里克'。"

　　"你是做什么的？"

　　"哦，不做什么。我的职业是一只蟋蟀。我们家族的人都是做蟋蟀的。"

　　"我知道！你们是那些整夜在我窗外叫着曲—曲一，曲—曲一，曲—曲一的家伙。我还常常想把塞利姆兄弟扔到你们头上，因为有一段时间你们让我整夜睡不着。你在这干什么？要给我唱一曲吗？"

　　"不，"蟋蟀锡德里克回答，"不是的。我常给宙斯干点零活儿。我太小了，人们都不注意我在周围。我跟莫纳德诺克山一样老，所以我知道很多有趣的事儿，宙斯觉得我也许能带你开开眼界。我们这儿的客人不多，不过，我们对上门拜访的客人是很热情的。"

三个星期以后，帽子围尔脖醒了过来，发现有一个客人来拜访。蟋蟀锡德里克来拜访帽子围尔脖了。

07 一个奇异的世界

帽子围尔脖突然想到了一个好主意。

"我知道这是怎么一回事了，这是个恶作剧。你的真名叫弗吉尔，我应该演但丁。不久以前我在电影院里看过这个。我的主人戴着我去看的。好啊！我能见到所有的漂亮姑娘了。你听说过保罗和弗兰切斯卡的故事吗？我给你讲……"

"嘘，嘘，嘘，嘘，"蟋蟀锡德里克提醒帽子围尔脖，"求你别那么大声，它们会偷听到的。"

帽子围尔脖朝四周看了看。

"偷听我？"帽子围尔脖咕噜道，"谁会偷听我？这儿只有几棵树嘛。"

"我知道，"蟋蟀锡德里克说道，"但是你会谈到它们的。"

"它们是怎么来到这儿的？"

"哎，说来话长。有一个人干了蠢事，把但丁的鬼魂带到电影院里去了。这可怜的人陷入绝望了。他把他地狱里的东西都打包，变了个样子放到这儿来了。"

天要亮了，树木消失在一片薄雾中。世界呈现出一片色彩。

"这些树就是……"

"没错，它们就是……"

"哎呀！真有趣。"

帽子围尔脖沉默了一会儿，然后说："我希望你严肃一点儿，哪怕就一次。这里到底是什么地方？是天堂还是——别的地方？"

"都不是。"

"那是什么？"

"这是一个世界上不存在的地方。"

天要亮了，树木消失在一片薄雾中。世界呈现出一片色彩。这是帽子围尔脖见过的最美丽的色彩。可是，它突然大笑起来。

"噢，看！"帽子围尔脖大声说，"云彩里那些船多么奇怪！它们在干什么？它们在按旧的航线航行。它们哪儿也到不了。"

"正相反，"蟋蟀锡德里克说，"它们是唯一能到达某个目的地的船。"

"可是它们什么也抓不住啊。"

"它们抓的是唯一值得抓的东西。"

"是什么？"

"梦想。"蟋蟀锡德里克说。

"噢，哎！"帽子围尔脖又一次说道，"这里真有趣！"

就在这时，晨风轻吹，湖面泛起涟漪。

帽子围尔脖很快就被吹到了中流。

船从远空的云里消失了。

旅行已经开始。

08　围尔脖的旅行开始了

　　过了一小会儿，帽子围尔脖发现右边有一座大山，山上长满了草。山好像是古老的石块堆成的。

　　"那座山看上去很像是建宾夕法尼亚州火车站时候的样子。"

　　"你怎么知道？"蟋蟀锡德里克问，"你太小了，应该不记得这些事。"

　　"我在杂志里看见过。你们真的要用这些东西建地铁吗？"

　　"不，我们不会的。"

　　"那么，这是怎么回事？"

　　"那些石块是一些古代神像，现在各

　　云彩里那些船多么奇怪！它们在干什么？它们在按旧的航线航行。它们哪儿也到不了。

个星球都不再需要他们了。"

"那还留着他们干什么？怎么不把他们卖掉？"

"哎，我们不太知道应该怎么处理他们。几十万年以来，对于许多人来说他们非常重要，现在我们不能把他们放在角落里当作垃圾卖掉。毕竟，他们曾经是神圣的东西。"

帽子围尔脖突然拽住了蟋蟀锡德里克的尾巴，得意地说："我抓到你了！你是个骗子。你说他们是已经死了的神祇。刚才你还说是阿波罗、宙斯，还是一个别的老异教徒派你来的。可是我根本没看到他们！"

蟋蟀锡德里克微微一笑，用它左边的触须轻轻碰了碰右耳朵，"我说的是某些过去的神祇，"它回答道，"可是我没有告诉你任何一个神祇的名字啊。"

几十万年以来，对于许多人来说他们非常重要，现在我们不能把他们放在角落里当作垃圾卖掉。毕竟，他们曾经是神圣的东西。

09 蟋蟀锡德里克遇到了它的朋友

蟋蟀锡德里克从左边翅膀下面取出一些面包屑，吃起了早餐。

蟋蟀锡德里克的早餐还没吃完，空气中突然传出了一阵奇怪的声音。

"噢！噢噢！"帽子围尔脖喊了起来，"看！一架飞机！我们要回家了。这不好吗？"

在晴朗的天空映衬下，那架黄色的飞机显得很好看。

"那的确是一架飞机，"蟋蟀锡德里克说，"但是，你不能回家。有人正在上面做实验呢。"

"是我们发明了飞机。"帽子围尔脖说。它突然挺直了身子，锡德里克差点掉了下来。

"我知道，"蟋蟀锡德里克冷冰冰地说，"但是在我们这里，我们对一切事情都有自己的看法。"

"那还不是一样，你肯定听说过莱特兄弟吧。"

"我听说过啊。"

"他们真了不起。"

"他们很不错，所以我们才让他们实现了他们的梦想。"

"什么梦想？教你们怎么样造飞机吗？"

"不，是向那个最早有这个想法的人学习。"

"唉。"帽子围尔脖叹了口气。

列奥纳多·达芬奇看见了他的朋友蟋蟀锡德里克，扔给它一小块糖，向它友好地挥了挥手。

蟋蟀锡德里克抓住了糖，问道："有什么新玩意儿吗，主人？"

"没什么新玩意儿。但这两个小家伙干得不错。我为他们骄傲。"

列奥纳多·达芬奇又开始研究自己的数字和计划了。

在晴朗的天空映衬下，那架黄色的飞机显得很好看。

10 一个有思想的人

帽子围尔脖许久都没有说话。

"这真是很不寻常啊！"它终于叹了口气说。

"跟我说说，你们是依据什么原则来统治这个地方的？"

"依据一个很简单的原则。"它往上边一指，"你看到云端那个人了吗？他能告诉你。"

"就是那个拿着鹅毛笔的奇怪的小家伙吗？"

"对，就是……"

帽子围尔脖又大笑起来。"他在干什么？"

"没干什么。他只是在把几个行星给翻转过来。"

"就凭他一个人？"

"是的。"

"我从来没听说过这种事。他是谁？"

"他是那个有思想的人。"

　　帽子围尔脖根本没把那个拿着鹅毛笔的人当回事儿，但是蟋蟀锡
德里克说，他就是那个有思想的人，他正在把几个行星翻转过来。

11 一个淹死的珍珠商

帽子围尔脖迅速地思考了一下。

"假设有许多人同时有一个相同的想法。其中一些人非常脚踏实地，知道怎样实现这个想法，其他人却会失败，什么也得不到。那么荣誉应该属于哪一种人？"

站着一个人，穿着腓尼基商人的华丽的衣裳。他一只手靠在折断的船桅杆上，另一只手指向西方。

83

他获得了万世美名

蟋蟀锡德里克朝上面指了指，说："答案在上边。"

就在它们下面的海底，站着一个人，穿着腓尼基商人的华丽的衣裳。他一只手靠在折断的船桅杆上，另一只手指向西方。

"他是谁？"

"他叫克那尼，是比布鲁斯的珍珠商。他3000年前来到这儿。他的船在离佛罗里达海岸400码的地方沉了，他淹死了。"

"咱们下去跟他说说话吧。"帽子围尔脖说。

"不行。有一条神圣的鲨鱼希斯克斯永远守卫着他呢。"

"有什么大惊小怪的，"帽子围尔脖嘟囔着，"就因为他是先来的！"

"对，"蟋蟀锡德里克说，"而且他还不是唯一得到这种关照的人。"

"比如说？"帽子围尔脖问道。

"比如第一个把火带给人类的人。他也名垂青史。"

"你指的是生命不朽吧。"

"以前我跟你讲过，我们这儿不惩罚任何人。他获得了万世美名。这对于苦苦挣扎的人的灵魂来说可是好得多了。"

"也许吧。可是我不觉得他做了很了不起的事儿。火一直都有啊。"

"的确，火一直都有。但是，以前从来没有人想到过使用火。"

"就算你是对的，"帽子围尔脖表示同意，"火对于人类有什么用处？"

"火使人能够制造工具。看！那儿有一间旧作坊。斧子、锤子、锯都在里面。有了这些工具，人就能自力更生了。他们还需要一件东西就能获得自由了，随心所欲地想到哪儿就到哪儿，不再像植物那样固定在某个地方。"

"什么东西？"

"在大河的下一个弯道，你就会看见它了。"

　　人之所以能称之为人，就是因为会使用工具。有斧子、锤子、锯，人就可以自力更生了。

12 机器人是我们最好的朋友

帽子围尔脖和蟋蟀锡德里克看见一辆做得很粗糙的二轮车。车的四块板子是从一截新的原木上截下来的，厚薄不一。

帽子围尔脖傲慢地笑了一下："不大可能是这个东西吧。不管这些人叫什么名字，他们可能是伟大的发明家。可是你见过我们做的那些事吗？"

"是的，"蟋蟀锡德里克说，"我见过。"

"那么——？"

"我不太喜欢。"

"为什么？"

"你自己看吧。"蟋蟀锡德里克指着旁边岸上一片乌云说。

"它看上去很眼熟。"帽子围尔脖说。

"太眼熟了。另外，它有点太夸张了。"

可是帽子围尔脖并不以为然，问道："它有什么问题吗？"

"没什么！知识这个家伙把世界都颠倒过来了。"

"你完全错了。机器是我们最好的朋友。它们很有用。"

"过去它很有用。它本来是被当作人类的仆人的。"

"的确。"

"可是，现在它却成了统治人的主人了。"

　　帽子围尔脖和蟋蟀锡德里克看见一辆做得很粗糙的二轮车。车的四块板子是从一截新的原木上截下来的，厚薄不一。

人可以使用工具让自己生存下来，也可以使用机器来为自己做事，工具是人们最好的朋友。

13 最伟大的建筑师正在制作小提琴

这时传来一阵呼啸声。原来隐藏在烟雾后面的上千万的样子奇怪的黑色小影子开始飞快地从四处爬过来。

"小蚂蚁真好玩。"帽子围尔脖笑着说。

"我的小家伙，"蟋蟀锡德里克回答道，"你真想学点什么吗？"

"我什么也不想学！"帽子围尔脖反驳道，"这些东西我在学校里都听说过了。我们还有一本书专门讲这个。我能说得出每一位发明家的名字。里面包括桥梁建筑师、钢铁巨头、还有设计摩天大楼的建筑师。你们这儿有这些建筑师吗？我倒想看看。"

"我们有所有建筑师中最伟大的一位。"

"带我看看。"

"他就在那儿。拿着袖珍折刀和一片旧木头的那个人。"

"那个人不就是在浪费时间削木片嘛。他叫什么名字？"

"斯特拉迪瓦里。"

"我从来没听说过他。他是干什么的？"

"制作小提琴。"

"可是，我让你带我看的是你们这里最伟大的建筑师啊。"

"我已经带你看了。"蟋蟀锡德里克回答。

"真是个疯子。"帽子围尔脖心想。但它只是想想，并没有说出来。

我们所有建筑师中最伟大
的一位——斯特拉迪瓦里

14 它们来到了图书馆

帽子围尔脖和蟋蟀锡德里克靠近一片海岸，岸上耸立着一幢很大的石头建筑，这个建筑太大了，可怜的帽子围尔脖被吓坏了。

但是，帽子围尔脖觉得应该说点什么来保持勇气，于是它说话了。

"我们总算到了一个看上去像家的地方。"

"你知道这是什么吗？"蟋蟀锡德里克问道。

"图书馆。"

"猜对了。"

"真是一个大图书馆啊。"

"自从时间开始以来的每一本手写的书和印刷的书都在这。"

"咱们进去看看。"

"这里不允许任何人进去。"

"为什么？"

自从时间开始以来的每一本手写的书和印刷的书都在这

"因为这些书都是留给一个人的。"

"你真是越来越愚蠢了。他叫什么名字？"

"我不能告诉你。"

"他是谁？"

"一个发现了如何保存言语的埃及无名祭司。"

"一个祭司，哦？他们对他很不错。这些都是为了一个10万年前就死了的异教徒小老头。下一个是什么？"

"天再黑一点你就看见了。"蟋蟀锡德里克回答。

15 天黑了

果然，太阳一落山，一些高塔就隐隐约约出现了，在东方天空映衬下显得庄重而阴森。

"又是埃及人吗？你好像就喜欢这些已经死了的人。"

"只有他们先喜欢我们，我们才喜欢他们。"

"这话是什么意思？"

"就是说，他们给予我们一些东西，没有这些东西我们就不会有任何进步。"

"我们不吃星星，是不是？"

"不吃，不过我们靠时间来生活。"

"我从来没注意过这件事。"

"奶牛们也从来不注意这些。"

"嘿，"帽子围尔脖说，"请你说话文明一点儿！别只因为几个埃及人就来侮辱别人。"

"你又错了！"蟋蟀锡德里克打断它，"是巴比伦人。"

太阳一落山，一些高塔就隐隐约约出现了，在东方天空映衬下显得庄重而阴森。

　　"好吧，随你怎么叫他们。不过如果你觉得自己很聪明，你有空应该去我家乡看看，我给你开开眼界。"

　　"你打算给我看什么？"蟋蟀锡德里克很有礼貌地问。

　　"我家乡附近有一所大学。那里全是最博学的人。他们写的书比那些古埃及人1000年读过的书还多。"

　　"我知道，"蟋蟀锡德里克回答，"我有一次还拜访过其中一个人呢。"

"那是怎么一回事？"

"哦，我有一个表兄。准确地说，他不是真正的表兄，而是一个很亲密的朋友。我们以教名相称。他叫阿奇博尔德先生，给一个叫马奎斯的人工作，我忘了是在纽约还是在纽瓦克。有一次他带我去一位教授家。这位教授的学问可渊博了。邻居们说起他的名字都要屏住呼吸呢。我们去他的书房——"

"然后呢？"

"我差点冻死。"

"是不是他没有钱买煤？"

"哦，不！完全不是。那间书房看起来像一个煤箱。所有篮子、箱子、桶里都装满了煤。"

"哦。那是哪里出了问题？"

"那个无知的可怜家伙把炉子填得太满了，火燃不起来了，所以就没有一点热气儿。"

"可是，"帽子围尔脖说，"你还没有回答我几分钟以前提的问题呢。迄今为止，你给我看的都很好，很有趣，现在我想想，连一个小提琴手都能有用。我爱跳舞，小提琴能给萨克斯管帮上大忙。可是你不能把这种用一点胶水把几片木头粘在一起，再用马尾巴在上面乱画几下的活儿也叫作'建筑什么东西'！我要看的是一件真正的作品——那种人们花了巨大心思和精力完成的东西，那种表现了我们叫作'建筑能力'的东西。"

"我一直知道你的意思，"蟋蟀锡德里克答道，"可是在我们这里，我们干的的确是不一样的事情。这里是一个巨大的世界工场，思想、感情这些人类最伟大的财产最先在这里被组装到一起。"

"好吧，"帽子围尔脖嘟嚷着，"你说的可能是真的，可是我只能说我没有注意到任何迹象。它们在哪儿啊？你把它们藏起来了吗？"

"恰恰相反，我们以它们为荣。我们坚持让这些杰作建在空中——这样所有人都能看得见它们。"

"哎，我知道了。摩天大楼！"

"不是，"蟋蟀锡德里克提醒说，"在我们这里，你要忘了那些钢铁、石头之类的东西。但我认为他们现在正忙着呢。"

炉子填得太满了，火燃不起来了，所以就没有一点热气儿。

16 我们生产了一种叫诗歌的商品

蟋蟀锡德里克给帽子围尔脖看了一个大梯子，上面有许多人正在汇总一支乐曲。

帽子围尔脖看了看，有点儿失望地问："就是这些吗？"

"不，"蟋蟀锡德里克回答，"这不是全部。我们还

蟋蟀锡德里克给帽子围尔脖看了一个大梯子，上面有许多人正在汇总一支乐曲。

做一些其他你们叫作'建筑'的工作。"

"除了把小音符堆在一起以外？很高兴听到你这么说。是无线电和电机方面的新东西吗？"

"不完全是。不过我们的确生产了一种商品，自从时间开始以来，它就给更多有智慧的人们带来最大的快乐和满足。"

"你指的是那些拿着单词的家伙？"

"是的。"

不过我们的确生产了一种商品，自从时间开始以来，它就给更多有智慧的人们带来最大的快乐和满足。

"我认为他们是给某个广告公司做事！"

"不是的。"

"那么，他们在做什么？"

"他们给世人提供诗歌。"

"对不起，"帽子围尔脖说，"但我对诗歌可从来没有过兴趣。诗歌真是浪费时间。"

"我知道。以前我常听人这样说。但在这儿我们就是在挨时间。所以也不算是太严重的浪费时间。"

17 在雅典卫城的短暂停留

帽子围尔脖看着风景。一片荒芜。

"那边赚不了多少钱，是吗？"帽子围尔脖漫不经心地说，"我发现上一页里人们用的那个梯子也很破烂。那个梯子难道没有塌过，难道没有人摔死过吗？"

"当然有过了。不过，又有人把碎片捡起来造一个新梯子，从头再来。"

"你说他们那样做赚不到一点钱？"

"几乎赚不到。"

"那他们为什么还要那么做？"

"因为他们情不自禁地想要做。"

帽子围尔脖安静了一会儿，不过它喜欢辩论。

"你为什么要谈论这么多的龌龊事？刚才你毁谤那些学术性的工作。我们镇上的教授可都是一些好人。商业部宴请的时候，他们可是仅排在部长们之后的贵宾。你难道不认为学问渊博是件好事吗？"

“有时候不是。”

“什么时候？”

“我不知道。你看见那个岛了吗？”蟋蟀锡德里克用中间一只腿儿指了指从蓝色海水里突出来的几块大石头。

“看见了。那是什么？”

“我的答案就在那儿。我本想住在那儿的。”

帽子围尔脖嗤了一声：“有股洋葱味儿。”

“就是这些了吗？”

于是，它们漂过了雅典卫城。

18 它们到达了罗马

现在帽子围尔脖开始烦躁了。

"你带我看的这些都不错,"帽子围尔脖一面说,一面靠在水上,"可是我和一只小虫子在一起真是浪费时间。反正我也要旅行,你为什么不带我看看真正值得一看的东西?"

"比如?"

"一些真正重要的东西,一些我总能读到的。"

"比如说?"

"哦,一个一流的帝国。一个真正干大事的民族。一座真正有建树的城市,如罗马!"

"罗马就在你面前啊!"

帽子围尔脖抬起头。它看见了高大的城墙。

"这才是我所说的城市!看罗马城脚下的那些滑稽的小山!真漂亮。是红色的。他们是什么?"

"我不知道。"蟋蟀锡德里克说,"顺便问一句,你怎么拼'shambles'？是'shambles'还是'shamble'？"

"两种拼法我都不知道，"帽子围尔脖说，"另外，这与那些小山有什么关系？"

帽子围尔脖终于看到了它感兴趣的东西，非常满意。它提出了更多要求。

"不管怎么样，你这个收费低廉的展览会倒是什么都有。听着，蟋蟀！有一个人，我愿意为他放弃全部历史。他叫拿破仑。老哈多克办公室里挂着他的画像。我在那儿看过。你这里有他吗？我宁愿看到他，也不愿见到河那边那些奇奇怪怪的东西。"

"这再简单不过了，"蟋蟀锡德里克回答，"我想，我听见他的声音了。"

19 拿破仑来了

　　它们听到了雷鸣般的滚滚车轮声。过了一会儿，蟋蟀锡德里克把两只触角举了起来，警告道："他来了！"

　　拿破仑来了。

　　可是它并没有看拿破仑一眼，围尔脖本以为它会看的。

　　"这真是奇怪的地方，"帽子围尔脖一再说，"一切都颠倒过来了。拿破仑可是曾经要统治世界的。他有100万士兵。现在看看他！在你们这儿，历史上有没有一个人是你们尊敬的？"

　　"有啊，"蟋蟀锡德里克欢快地回答，"喏，那边就有两位。"

　　帽子围尔脖忍不住大笑起来。"老庞奇和那个西班牙傻瓜！他们从来没有存在过！"

　　"是啊，"蟋蟀锡德里克回答，"正因为如此，他们才永远活着。"

蟋蟀锡德里克听到拿破仑的炮声后很恐惧，但是，面对曾经要统治世界的拿破仑，它却没有丝毫的敬畏之心。

20 从黑暗回到光明

现在它们到了大河的又一个弯道。岩石越来越逼近，水流通过一条幽深的河槽。

帽子围尔脖开始害怕了。

"这里安全吗？"帽子围尔脖问。"非常安全。"蟋蟀锡德里克回答，"我经常来这里。很多人每天都来这儿，什么事都没发生过。"

"这是那种惩罚人的地方吗？"帽子围尔脖问它的向导，"看起来像一个监狱。"

"完全不是。我们这儿从来不惩罚任何人。但我们有时允许他们去做他们一直想做的事情。"

"他们为什么愿意来到这个冷飕飕的地方？"

"他们喜欢这样，"蟋蟀锡德里克解释道，"这里对他们再合适不过了。在地球上，他们不愿意了解真相。他们宁愿生活在无知中。他们说身处黑暗时他们最开心。于是我们就想到了这个又黑又暗的河槽。我们只花了很少的钱就把它修好了。卡戎是看门人。他的工作很枯燥。他有大门的钥匙。里面的人都可以随时离开。"

"他们经常离开吗？"

"自打我们有这个部门以来，只有17个人离开过。"

"那是什么时候的事？"

"具体日期我记不得了，但肯定是在我最后一次和老鱼龙说话的那一年。"

"它死了很久了吗？"

"大约4000万年以前。"

突然从黑暗回到光明里面，帽子围尔脖的眼睛被灼伤了。

"啊！"它痛苦地眨了一阵眼睛，"那是什么？"

"那是几十万年前我们私下建的一个小宇宙。"

"给谁建的？"

在地球上，他们不愿意了解真相。他们宁愿生活在无知中。他们说身处黑暗时他们最开心。

"给我们的朋友们，给那些真正想求知的人们。"

河面又变开阔了，它们经过一大片开满了雏菊的牧草地。

"噢，看！"帽子围尔脖大声叫着，"看，好多奇怪的小人儿！他们是谁？"

"他们过去是人。"

"他们怎么这么小？"

"他们总是希望成为小人儿。他们一生都在做着琐细的无聊事。"

"他们拿着那个梯子打算干什么？"

"去到雏菊上。"

"然后呢？"

"去数雏菊的花瓣。"

"哦，可是每年都有新的雏菊长出来啊。"

"他们正希望这样呢。这样他们就能一直忙着，直到时间结束。"

可是帽子围尔脖不喜欢这个主意。

21 为了金钱而放弃一切的人

　　"这里的人的想法太奇怪了。"帽子围尔脖说，"在我家乡，我们很尊敬这些人，他们跟那些创造大笔财富的人同样有用。"

　　"噢，"蟋蟀锡德里克说，"既然你提到他们，在我

　　在那里，在一个闪闪发光的矿井里，成百上千的人们正在非常勤劳地干活。他们是那些为了金钱而放弃一切的人。他们正在彩虹脚下寻找装着黄金的罐子。

们这儿他们同样是被眷顾的。看看你的左边，在最远的雏菊后面。"

在那里，在一个闪闪发光的矿井里，成百上千的人们正在非常勤劳地干活。

"他们在干什么？"帽子围尔脖很惊奇地问。

"他们是那些为了金钱而放弃一切的人。他们正在彩虹脚下寻找装着黄金的罐子。"

"可是彩虹脚下没有金罐子啊。"

"非常正确，"蟋蟀锡德里克冷淡地说，"可是他们不知道。"

就在这时候，空气里传来可怕的尖叫声。

"噢，看！"帽子围尔脖惊叫着，"看！那个可怜的家伙！他在干什么？"

"他在做他一直在做的事。"

"什么事？"

"跟着人群打猎。"

"可是，现在他自己正在被追猎呢。"

"这样才能使他们都觉得这个游戏有趣啊。噢！他在那儿！"

可是，帽子围尔脖看不到发生了什么。

帽子围尔脖平生第一次晕倒了。

　　帽子围尔脖与蟋蟀锡德里克看到一个人正在被人群追赶。但是处在追逐与被追逐的人们却浑然不觉。

22 围尔脖为他们感到悲哀

　　帽子围尔脖苏醒过来的时候，河水平静地流淌在一片新的土地上的小山之间。帽子围尔脖又一次擦了擦眼睛。看过了这么多奇怪的事儿，它都不相信自己了。

　　"你确定我刚才看到的是真的吗？"

　　"毫无疑问。"

　　"那太可怕了。"

　　"那样的事是不可避免的。"

　　"为什么？难道你不相信大众？"

　　"总的来说，不相信！正因为如此，我们要为地球上那些孤独的闲逛者留出我们国度的这一部分。现在有一个最著名的闲逛者了。"

　　"他总是独自一人吗？"

　　"当然不是。他是一位非常友好的老人。你应该听过他吹笛子。他开始解释自己关于这个世界的运行规律的学说的时候，远近的人们都来听。"

　　"就算你说的对吧，"帽子围尔脖说，"他独自一人都能够很开心，这肯定是一个特例。并不是我们所有人都是伟人。"

"对，"蟋蟀锡德里克表示同意，"可是，如果我们并不能都成为伟人，至少我们可以把马车开到星星上去。"

"这对我来说太危险了，"帽子围尔脖争辩说，"星星转得太快。万一出了什么事，我会折断脖子的。"

"这很可能。不过你会度过一段很有趣的时光。你还会看到各种东西。"

"我说，听着，"帽子围尔脖变得严肃起来，"你知道吗，我现在就要看最精彩的东西！"

"我不知道。"蟋蟀锡德里克说。

"42号大街和第5大道拐角的交通警察，这就是事实！"

可是还没有到帽子围尔脖回到地球的时候。相反，它的旅程中最有趣的部分就要开始了。

它们沿着河漂流了几个小时，突然听到了一阵可怕的噪声。

"怎么了？"帽子围尔脖焦急地问，"是不是我刚才看到过的东西？"

"老天，不是。"蟋蟀锡德里克让他放心。

"还有，跳下悬崖的那个家伙其实也没有被鲨鱼吃掉。鲨鱼就是这样训练的。它用牙齿轻轻咬住猎物，再把他送回岸上。然后他们再重复。这是一种极为无害的娱乐。"

"可是这些人！"帽子围尔脖指着上千位穿着很少衣服的人，那些人正站在悬崖上，又热烈又兴奋地指手画脚，"他们不觉得很冷吗？"

"他们没有注意到。"

"为什么没有注意到？"

"因为他们正忙着争论。他们都是正确的，完全正确，而且他们也愿意告诉世界他们完全正确。"

"可是那些可怕的悬崖？"

"那是那些人自己建造的。这些悬崖就是他们登峰造极的极致。他们宁愿失去小手指，也不愿意失去这些无关紧要的东西的1/16英寸。"

"尽管如此，"帽子围尔脖说，"我为他们感到悲哀。"

可是蟋蟀锡德里克只是耸了耸尖角形状的肩膀："你最好不要告诉他们这些。他们会当场杀了你的，小心点儿！"

23 围尔脖和锡德里克
逛到了迷宫

蟋蟀锡德里克刚说完这番话，它们就被卷到了一个小瀑布里面。可是当它们回到小溪时，帽子围尔脖瞥见了一座奇怪的黄色小建筑。

"那是什么？"

"噢，那是我们为了迎合一些客人的特殊品味而建的一个特别建筑。"

"看上去像个迷宫。"

那是我们为了迎合一些客人的特殊品味而建的一个特别建筑

"它就是个迷宫。只是比那个古老的代达罗斯更复杂一点儿。一旦进去就不可能出得来。"

"你飞得太低了！"

"完全没有。我们是根据客人的特殊要求建造的。"

"你是说他们喜欢那种东西？"

"喜欢？他们热爱这迷宫！它是他们的生命。他们一生都在用三段论推理，互相争辩，得出一些毫无意义和结果的论点。现在他们得偿所愿了。"

"可是，"帽子围尔脖结结巴巴地说，"他们什么结果也得不到！"

"当然不会有任何结果，这正是他们要做的。"

"来啊！"蟋蟀锡德里克以一种更加愉快的口气说道，"咱们来换换样，我带你看一些漂亮的东西。"

24 填字游戏与金字塔的倒塌

附近的岸上是一幢非常奇怪的建筑。它高耸入云，是由一个一个倒转过来的小金字塔叠起来的。

"这是土耳其人建的，"蟋蟀锡德里克解释道，"他们喜欢盖这些奇妙的塔。这些塔由可靠的论点构成，并与一点保持平衡，这一点或是一本书，或只是他们的圣书上的一章而已。他们已经为这些玩意儿工作了上万年了。他们总是乐此不疲地开始弄那些新玩意儿。"

帽子围尔脖是一个讲究实际的人，但也是佩服不已。

"很不错。"帽子围尔脖最后辩白道，"不过，难道这不是有点危险吗？"

"一点儿不危险。他们堆放得非常完美，任何东西也不能把它们弄倒。只有一个词例外。但在这儿绝对不能提。"

"是个什么词？"帽子围尔脖问。

可蟋蟀锡德里克没有直接回答。

　　他们喜欢盖这些奇妙的塔。这些塔由可靠的论点构成，并与一点保持平衡，这一点或是一本书，或只是他们的圣书上的一章而已。他们已经为这些玩意儿工作了上万年了。他们总是乐此不疲地开始弄那些新玩意儿。

"你做过填字游戏吗？"

"我做过吗？我知道第一个做这个游戏的人是谁。"

"那么，我要告诉你——"

"我知道。与食火鸡同类的一种澳大利亚大鸟的名字，它的名字是由3个字母组成的！"

"完全不是！据圣约翰所说，是《福音书》第8章第32诗行里的一个5字母词！它由字母t开头。"

"这个我也知道。"帽子围尔脖高兴地叫着，"我在主日学校学过这篇文章。这个字是'tru……"

"停住！"蟋蟀锡德里克命令道，试图用触角堵住帽子围尔脖的嘴。可是已经太迟了。

随着震耳欲聋的一声巨响，金字塔倒塌了。

25 天使与魔鬼

"噢，天哪！天哪！"蟋蟀锡德里克叹了口气，"现在他们又得重新开始了。最糟糕的是，他们还乐于这么做。"

帽子围尔脖和蟋蟀锡德里克的沮丧情绪突然被一阵笑声打断了。

"哈！哈！哈！"帽子围尔脖不停抖动着。蟋蟀锡德里克几乎要呕吐了。"真奇怪！看绳子上那个人。哎呦！不过他真的很有趣！"

"也许你这样认为，"蟋蟀锡德里克回答，"但是我要说的是他好像很悲伤。"

"因为他掉到火堆里了？"

"不，这恰恰是他不能做的事。"

"为什么？"

"因为他正把自己的生活弄得很不舒服。"

"怎么弄的？"

"他总是担心他的邻居们对他的看法。"

"噢。"帽子围尔脖回答，但是它没有回头再谈这个话题，因为它知道，自己总是因为同样的错误而感到内疚。

但是，有一件事是帽子围尔脖一直担心的。最后它跟蟋蟀锡德里克提起了。

"跟我说说，"它问道，"就我而言，我觉得这个世界不存在的部分比浮在空中的小气泡还不同寻常。我不知道它究竟是怎么奇怪，不过它跟我见过的其他地方都不一样，我去过俄克拉何马州的阿德莫尔、纽约的伊萨卡。如果这里是天堂，该看到一些天使。可是因为有太阳光，天使又是光华闪闪的，所以我可能没注意到。可是魔鬼是黑色的，我到现在为止也没见过魔鬼。你难道没见过？"

"我见过两个。我们按年来雇用他们。"

"雇用他们做什么？"

"他们来这儿应付那些告诉小孩子说要是表现不好就会下地狱被火烧的大人们。"帽子围尔脖不是很赞同。

"地狱自有其合理的地方。对普通人来说，本来就应该有些约束。他们应该守秩序。"

但是帽子围尔脖没有很大声地说。跟一只蟋蟀争论这些观点又有什么用？

26 用笑声震动世界的人

景象又变了。

发生了一件很古怪的事。

突然间，没有任何预兆，群山好像地震一样颤动了起来。

"你们的魔鬼就住在这儿吗？"帽子围尔脖问。

"正相反。这是我们为那些我们最喜欢的人保留的一小块地方。"

"他们是谁？"

"那些用笑声震动世界的人。他们都在那儿，苏格拉底、伊拉斯谟、蒙田，还有一个戴着高帽子的高个子绅士，你肯定认识他。"

帽子围尔脖不敢相信自己的眼睛。

"看起来，"它说，"他有点儿像是林肯。"

"你猜对了。他正是老亚伯。你是不是感到很骄傲？"

"蟋蟀先生，"帽子围尔脖庄严地回答，"这个玩笑开得有点过火了。我非常尊敬怀念我们伟大的总统。

那些用笑声震动世界的人。他们都在那儿，苏格拉底、伊拉斯谟、蒙田、还有一个戴着高帽子的高个子绅士，你肯定认识他。

我在教科书里学习过他的伟大业绩。和这些人为伍，他肯定是不会高兴的。咱们往前走吧。"

可是说起来容易做起来难。宽阔的河面上下了一片大雾。蟋蟀锡德里克突然冲到了前面。

"喂，那条船！"它用尽力气大喊着。

27 善恶与否，老天自有公论

可是没有回音。

"我也觉得是不会有回音的，"蟋蟀锡德里克说道，"我以前看到过这艘船。"

"那是什么船？"

"噢，无关紧要。只是它载满了乘客，你得小心一点儿。"

"那些乘客从哪里来？"

"从四面八方来。"

"他们打算去哪儿？"

"哪儿也不去。问题正在这儿。他们是那种总是帮别人的忙，事后却忘得一干二净的人。"

"现在我知道你说的是谁了。"帽子围尔脖漫不经心地说，"我们帽子受的正是这种罪。我们的主人总是把我们拿到闹市区，又刷又熨的，然后看着我们！可是你说说，你觉得这样的人很坏吗？"

"真的是很坏。我们觉得只有一种人比他们更坏。"

他们是那种总是帮别人的忙，事后却忘得一干二净的人。

"哪一种人？"

"那些从来不做坏事，并以此为荣的好人。"

"噢，有道理！"帽子围尔脖说，"我想我明白你的意思了。我认识很多这样的男人女人们。可是对我们来说他们是一等公民。你们确信你们对他们很公平吗？比如，你们对他们的生活和行为做过任何记录吗？"

"当然了，"蟋蟀锡德里克回答，"所有的记录都放在这儿。"

帽子围尔脖使劲看了看。它最后说："我什么也没看见啊！"

"没有，"蟋蟀锡德里克说，"我也没看见！"

28 围尔脖和锡德里克到达了乌有世界的中心

　　它们已经在一起很久了，帽子围尔脖感到非常疲惫，觉得很无聊，虽然它不愿意承认这一点。景色又变得平坦无趣。它们正经过一个古老的有城墙的小城，忽然天空中掠过一道强光。帽子围尔脖想那可能是另一道闪电。

　　"我们得找地方躲起来。"它建议。

　　可是，蟋蟀锡德里克严肃地折起了手，眼睛里涌出了泪水。

　　最后它开始说话了，声音中带着一丝哽咽。

　　"你刚才看到了最令人惊叹的景象，"它说道，"上千万的人们祈祷，只为一个——唉，我不能说出来，因为你是我的客人。"

　　"那是什么？"帽子围尔脖笑着问，"是焰火？"

　　"严肃点儿，"蟋蟀锡德里克使劲挥了挥后腿警告它，"每100年里，有一道纯净的阳光会射到地球上一次。它来寻找富人们的宫殿和穷人们的陋室。它只停留一次，一次只停留不到1/1000秒。但是它照射到的地方

蟋蟀锡德里克知道，它们现在几乎已经到达了乌有世界的中心，那里有一切存在的问题的核心。

就会将有一位天才诞生。"

"天才？"帽子围尔脖觉得很奇怪，"我们为什么需要天才？"

锡德里克直视着围尔脖："为了不让我们对人类完全失望。"

这之后，帽子围尔脖和蟋蟀锡德里克之间变得有一些冷淡。不过，蟋蟀锡德里克记得它有责任来教导帽子围尔脖，不管任务多么艰巨，它都得遵守规则坚持到最后。

蟋蟀锡德里克知道，它们现在几乎已经到达了乌有世界的中心，那里有一切存在的问题的核心。可是想要进去并不容易。蟋蟀锡德里克把船驶到岸边，跟守门的警官商量。诚实的警官说他不敢自己做主，不过他可以问问。警官离开它们去打电话了。几分钟以后，他回来了。"可以。"他热心地说。

"等等！我来提着你的朋友。"警官捡起帽子围尔脖走在前面，蟋蟀锡德里克用自己的6只小脚以最快的速度跟着。

他们停了下来。

在他们眼前，众多无声的星球永恒地旋转着。

蟋蟀锡德里克低语道："到目前为止，只有两个人被允许看一看奥秘的核心。他们站在那儿。一位叫作伊曼纽尔·康德。另一位的名字是巴鲁克·斯宾诺莎。"

帽子围尔脖却突然大笑起来。

"这有什么，"帽子围尔脖大声嚷嚷着，"这东西看起来就像是一辆福特汽车的内部机械嘛。"

那位警官抓住了帽子围尔脖的帽檐，把它扔回了河里。

29 帽子围尔脖最后的机会

蟋蟀锡德里克重新爬上岸，它非常不高兴。它本来志在必得的事情却弄得很糟糕。只剩下一个机会让那顶愚蠢的帽子来悔过了。

蟋蟀锡德里克利用一阵吹过蓝色河面的微风，巧妙地驶向了一个远处的孤岛。

在那里，在一棵大棕榈树叶子的阴凉儿下面，站着一个孤独的身影，一动也不动。

"这里，"蟋蟀锡德里克慢慢地说，"就是这个地方，在它上面所有的悲痛都是沉默的。他站在那儿，他的话语总是最明智的。可是人们根本不注意他的话。他们很冷漠。他们互相争斗，毫无仁慈，彼此伤害。然后战争就开始。战争毁掉了所有的美好和崇高，也伤透了他的心，于是他走了，再也不去听人类的声音。"

"可是，"帽子围尔脖诧异地问，"他为什么要这么伤心？我可是经常去教堂的。"

帽子围尔脖话音刚落，一阵巨大的颤动就发生了。

30 蟋蟀锡德里克和帽子围尔脖各自过上了幸福的生活

随着一声巨响，宙斯的收音机爆炸了。他的万钧雷霆震彻天宇。100艘船只被摧毁，海水漫过堤岸达上万英里。

锡德里克这只忠诚的小蟋蟀再也受不了了。它流出了委屈的泪水，跳到了最近的岸上。

宙斯的收音机爆炸了。他的万钧雷霆震彻天宇。100艘船只被摧毁，海水漫过堤岸达上万英里。

一位好心的圣人安慰了它。

为了让它忘记不愉快，他把可怜的小蟋蟀送到了由圣人骨灰堆成的岛上。

锡德里克这只忠诚的小蟋蟀再也受不了了。它流出了委屈的泪水，跳到了最近的岸上。一位好心的圣人安慰了它。

正如人们熟知的那样，那里开放着最美丽的花朵。从此以后，蟋蟀锡德里克永远快乐地生活在那里。

至于帽子围尔脖，它发现自己正漂在一个沉闷的工业小镇的一条肮脏的河上。

正在逃学的米奇用一支长棍子把帽子围尔脖捞了上来。

围尔脖漂在一个沉闷的工业小镇的一条肮脏的河上。正在逃学的米奇用一支长棍子把帽子围尔脖捞了上来。

米奇以10分钱的价格把帽子围尔脖卖给了一个二年级学生。从此帽子围尔脖也过上了幸福的生活。

第二天，米奇以10分钱的价格把帽子围尔脖卖给了一个二年级学生。

所以，从此帽子围尔脖也过上了幸福的生活。

关于这个故事的哲理——下一页上的图画将会告诉你。

1924年圣尼古拉斯之夜

在吉米的忠诚协助下完成

知识拓展

01 关于荷兰的故事

1610年9月，荷兰人首次踏上了曼哈顿岛的海岸。1615年，荷兰人在曼哈顿岛附近的奥尔巴尼镇，修筑了一座木制结构的小堡垒。当时，美洲公司里的人们，纷纷从事各种投机买卖。后来，一些拥有独立特许权的公司沿着哈得孙河河岸，开始和当地土著人进行商业贸易。

但是，1621年，荷兰西印度公司获得了荷兰在美洲新

麦哲伦海峡

大陆从事各种贸易的垄断权，势力范围从北边的纽芬兰省，一直到南边的麦哲伦海峡。1623年，为了便于管理，政府将康涅狄格州、特拉华州和宾夕法尼亚州的部分地区合并为一个独立的省，命名为新荷兰，这就是现在的纽约州。1624年3月，第一批永久性的殖民地居民，迁移到现在的纽约州奥尔巴尼城，奥尔巴尼城是康涅狄格州的哈特福德市在特拉华河上的一个小城堡。后来，这个小城堡慢慢显示出了它的重要性。

1626年，荷兰人从土著人手里买下了曼哈顿岛，构筑了合适的防御工事，使其成为整个殖民地的政治中心。1644年，新荷兰的人口达到15000人。但此时，英国国王查理二世宣称，荷兰人拥有的所有领土准确地说应该属于大英帝国，因为是卡伯特在1598年发现了新大陆，而那时卡伯特正为英国王室效力。其次，这片领土是1606年王室赐给伦敦和普利茅斯公司势力范围的一部分，是基于1620年新英格兰议会上获得的土地专有权。

1664年9月，英国人理查德·尼科尔斯突袭了新阿姆斯特丹。之后不久，其余的新荷兰的殖民地也落入了英国人的掌控之中。彼得·史蒂文森，这位荷兰的最后一位总督试图顽强抵抗，但是，史蒂文森的计划没有受到董事会的重视。而且，董事会断然拒绝为他们的领地的防御尽微薄之力。

1672年，英国和荷兰之间爆发了战争。1673年8月，荷兰人重新占领了纽约，并且派遣了军队，驻扎在曼哈顿岛附近的阿内克·延斯（现在的教堂墓地）老农场。荷兰军队沿着百老汇街前进，占领了纽约，改名为奥兰郡。直到1674年，荷兰人一直统治着这座城市及其毗连的领土，这一年签署的《威斯敏斯特条约》，结束了荷兰与英国之间的第三次战争。按照条约，荷兰人不得不放弃哈得孙河沿岸的领土。但是，英国人允许荷兰人继续拥有南美洲圭亚那地区的部分领土。荷兰人认为这是一桩顶好的交易，他们非常高兴地用他们认为偏远的蛮荒之地，换得了七万亩富庶的甘蔗田。

荷兰人认为，自从海狸消失后，这片土地对任何人来说都根本没

在这片以风车闻名于世的土地上，发生了很多事情。

有用处。用现代的语言来说，荷兰人认为用纽约换取帕拉马里博这座高贵的市镇是划算的。但如果荷兰人稍微有一点点远见卓识，洞悉先机，那么，他们将仍然拥有纽约，就有机会预料到将来发生的事，而留给英国人去欣赏苏里南沼泽地的机会。

1673年8月，埃弗森和宾克收复了纽约城。消息传到荷兰，已是六个星期之后了。但是，在过去一年中，这个国家正处在非常紧张的局面中，一场抵御由法国、英国和一小股德意志诸联邦组成的联合国军的战争一触即发，统治这个国家几乎整整一个世纪的、富裕的工商阶层消失了，国家权力重新归还给奥伦治家族。发生在荷兰海岸的惨烈的海上激战，以及短命的法国侵略者制造的恐怖经历，可怕的声音及场景仍然印在荷兰人的脑海中，历历在目。不，这个国家再也不会对一次微不足道的胜利表现出兴奋和激动了，更何况仅是处在世界遥远的角落里且对任何人都没有任何用处的一座美洲小村子的第三次移交了。

年轻的埃弗森，一位著名父亲的儿子，已经毫无悬念地尽了他的职责，应该得到一把剑或一枚奖章或一个奖杯或其他的一些奖赏。但当时对这一消息十分关注的只是阿姆斯特丹城。

02 新阿姆斯特丹的新生

　　直言不讳地讲，由7个元首组成的不寻常的共和国是奇特的，并精心呵护每个省份，因而没有真正意义上的首都。来自那7个独立省的代表每年在海牙会晤几次，讨论几项公共政策的制定。但海牙不是一个"首都"，它甚至算不上是一个城市，它一直是一个村庄。它也从没有获得过一个成熟城市的级别，它从没有修建过城墙，甚至没有获得许可挖过护城壕沟。1652年，新阿姆斯特丹已经提交

海牙

了一项章程。从来没有人认为海牙值得拥有这样的荣耀，犹如华盛顿特区一样，它应该是政府的"官邸"，但这个"官方官邸"没有参与管理国家事务。从某种程度上说，海牙是荷兰政治和社会的中心。泥泞的阿姆斯托河河岸的土地，就是它们的领地，对于住得很远的国家的真正统治者来说，海牙该担负起哪一项责任，是应该考虑的问题。作为共和国最富裕的省份里最富裕的城市的市长们，他们欣赏无形的光荣，他们不要头衔，却愿意像别的人民一样做普通的公民，他们管理着整个国家的资金。在17世纪，那意味着他们能将他们的意愿施加到国家的其他地区，好像他们已经掌握了国家的经济的支出命脉了。即便从一开始，美洲从事投机项目的企业就对阿姆斯特丹产生了兴趣，预测企业前景十分看好，且阿姆斯特丹的未来不只是普通的乐观。今天，阿姆斯特丹的股票交易，专门以美元价值为换算比值。300年以前，在美洲贸易公司专门从事股票交易的阿姆斯特丹的商人同样缺乏谨慎的态度。

它的进出口商人们确实把几百万的荷兰盾投入那些经营不善、操作不谨慎的公司里，跟着随之而来的是令他们失望、令他们沮丧的结果。当所有那些公司濒临破产时，荷兰西印度公司成立了，专门负责处理美洲事宜，从北边的纽芬兰省一直到南边的麦哲伦海峡都是它的势力范围。阿姆斯特丹认购了公司几乎700万荷兰盾资产的1/2。1621年，荷兰西印度公司开始做生意。阿姆斯特丹独力任命了公司8/9的"老板"，以便他们更好地管理这个庞大的跨大西洋的商业帝国。

1623年到1636年，荷兰西印度公司把4800万荷兰盾投进一项航运

纽芬兰

事业中。但实际上仅投入了4000万荷兰盾，阿姆斯特丹认定美洲显然是值得投资的。

但是，西印度公司繁荣的时代持续不长，19位绅士（众所周知是担任"老板"的）从没有听说过那个鹅下金蛋的故事。西印度公司不重视处理钱财方面的问题，总是不能按时支付欠款，再加上官方的类似于强取豪夺的收购价，使西印度公司的商业利润极为可观。海军部队变成了海盗舰队，很少作为获得成功的殖民地试验的典范。

1656年，荷兰人被永远赶出了巴西，他们已经在巴西至高无上地统治了大约两代人，那意味着荷兰人会损失2800万弗罗林的现金。在签订和平协议时，葡萄牙占领者赔偿了800万弗罗林，但剩余的2000万弗罗林再也没有收回。十年之后，同样的事情在美洲北部又发生了。1667年布雷达和约签署时，英国被允许保留新荷兰殖民地。某种程度上，这对荷兰来说是双重打击，不仅使阿姆斯特丹损失了它在美洲的荷兰西印度公司的股份，而且不久之后，荷兰西印度公司又落入了接收者的手里。而1656年，一群阿姆斯特丹的资本家利用英国西印度公司遭受财政危机，提出要求占领沿特拉华河的大片领土，仅付出了荒唐可笑的70万荷兰盾。这一大片广袤的土地，长着茂密的丛林，

民众得到签署和平协议的消息后，他们用通常的方式庆祝。

并且气候条件最符合欧洲殖民者原有的生活环境了。这广袤的大片土地作为一块独立的领土被拥有它的人开发出来，并且管理着它们。这些交好运的投资者大多数属于统治阶级。市政厅的贵族们是实际掌管公共事务的人，他们的贵族身份决定了他们从不信任任何政府委员会的人。莫斯科大公不像那些穿着朴素、居住在雅各布凡康盆大宅院里的绅士们那样鄙夷民主思想。这清楚地表明了他们用这种方式制订计划是为了新殖民地——新阿姆斯特丹。但是这些投资者行动太缓慢了！荷兰西印度公司已经结束危机，渐渐步入正轨了。首先，没有足够外来移民迁移到他们的领地上。其次，人民很少愿意搬迁到偏远的和自己的生长环境不相适应的另一个地区。而在自己的故土，他们能过着舒适安稳的生活。投资者们不得不去别的地方寻找合适的人选。这片地区是由各种各样奇怪的人混杂在一起，其中有来自韦尔多教派的逃亡者，有远见卓识的社会主义者和信仰反战主义的浸礼会教徒。当他们没有被土著人屠杀时，大多数的时间里，他们激烈地争吵着、辩论着。艰苦开发十年之后，阿姆斯特丹的官员们对于没有成果的开发感到无限地苦恼。

在尼科尔斯上校率领军队的进攻下，新荷兰殖民地突然崩溃了，这是它必然的结局，就像压死驼骆的最后一根稻草一样。荷兰商人投入特拉华商业投机中的钱全泡汤了，人们已经不再把整个企业放在心上了。但是，当消息传到交易所时，一艘小帆船正好到达特塞尔，带回了荷兰海军重新夺回新阿姆斯特丹的消息。这勾起了人们对往事心潮澎湃的回忆。

同一天晚上，一些绅士们——他们因为在经济领域中的显贵地

新阿姆斯特丹又回到了荷兰的怀抱。

位而闻名于全体国民——一起来到市长的住宅里，并且严肃地讨论了夺回他们部分可爱的钱财的契机，也就是投进不幸的特拉华企业中的资金。第一次会议的结果是，几封经过慎重考虑写的信送达到这个国家其他地区的某些人手里——那些人也惨重地损失了他们在西印度公司的股份。在这些信函中，他们建议同心协力共同行动或许会产生意想不到的结果。当带头者认为召开这样一个会议是必要的，追回钱款的希望是不言自明的。这些希望拿回他们钱财的绅士们，也就是接收者应该参加这个会议，他本人或者是他的代理人都可以。

我们不知道在这种场合他们会讨论什么内容，这19个绅士没有把这些不寻常秘密会议的机密内容记录下来。在会上，肉豆蔻的价格和几百万小个子棕色人种的命运被以最审慎的态度决定了。除了他们贵族们的财政状况外，会议没有商谈其他任何事情。

当感激的民众用通常的方式庆祝（免费提供给所有人啤酒，一晚上绕着燃烧的篝火即兴跳舞）刚刚在远方的威斯敏斯特签署的和平协议的消息时，他们的阿姆斯特丹阁下们却收到了一封来自他们在伦敦的非官方"观察员"的便笺，上面仅写着"国王快乐地在新大陆的森林里打猎"，但破译密码后，才知道那是通知他们关于在哈得孙河口的领地最后处置的特殊条款，以便他们能恰当地接收领地。那块著名的三角地带是由南边的新泽西州的开普梅和东边的康涅狄格州和西边的奥兰要塞（奥尔巴尼城）形成的，这些领地已经又被重新归还到荷兰人的手中。

荷兰人非常满意，立即开始去安排他们新近获得的殖民地。执政阁下和腓力则将军愿意担负起新荷兰殖民地的新政府的领导工作。那些阿姆斯特丹的人民不得已只能接受他们的领导。所有事情迅速地交接完成了，而那些西印度公司的老股东们或许会不同意，但这些老股东们要么不了解发生了什么事情，要么听说得太迟了来不及提出抗议。

年轻的埃弗森提升成了海军上将，不久之后，他收到一大张羊皮纸，由亲王殿下和联省共和国腓力则将军的美洲事务委员会的两名委员签署的，正式任命他为新阿姆斯特丹要塞的军事总督。1666年以来，英国驻防部队从他们占领的所有领土上静静地撤出了。荷兰人同意定居在美洲的英国居民仍然享有全部的民权，甚至允许他们在城镇会议上使用他们自己的语言，在庄园主集会上也可使用他们自己的语言（这种办法引入殖民地居民是行得通的，使人们在发生事态时比他们在母国更明智、更独立。这些人们对于能够半自治深感荣幸）。1675年秋季，第一位民选总督从母国到达美洲，管理7个行政区（向这一重要时刻表示敬意），除了那位著名的海军上将德赖特可以担当，再没有其他人能够胜任了。

才华横溢并且正直坦率的英雄埃弗森，最后一次出现在公共聚会上，因为不久之后，他被派往地中海去帮助西班牙人，镇压发生在西西里岛的革命，那革命曾被误以为是法国人的骚乱。在法国军队和西班牙军队的冲突中，这位海军上将受了致命伤，几天之后，他死于锡拉库扎港口。人们通过读四十二行的赞美诗抚慰他，直到他死去。自从他第一次航行，上船做侍者和助理厨师开始，赞美诗就是他最喜爱的精神抚慰品。

03 新荷兰的重新划分

　　为了更快更迅速地处理政务，新荷兰的领土被划分成了四部分。有曼哈顿岛，其中包括斯塔腾岛；有长岛，现在已全部归还给荷兰统治；有北部地区，通常称为格罗宁根（因为荷兰共和国最北端的省叫格罗宁根），奥兰城堡作它的首都；有南部地区，称为西兰（因为西兰是母国最南端的省份），由一个"总统"来管理（由那些较小的官来称呼），他住在一个小村子里，这个村子建在老要塞的废墟上，这个要塞是1623年建成的。

　　总督，通常被称做GG，西印度群岛董事会来协助总

爪哇岛

督的工作。为什么在这个例子中，西印度群岛这个名称被保留下来了，没有人知道原因。因为人民想尽办法想忘记西印度公司统治他们这一地区时悲惨痛苦的日子。至于由12名成员组成的西印度群岛委员会，其中的8位应该是新荷兰殖民地的居民；另4名成员是由美洲事务委员会委派的，他们具有相当丰富的实际经验，具有很高的素养或者说是杰出的商人。他们都来自于爪哇岛和安汶岛，他们需要到另一种气候带工作，以利于尽快恢复他们在热带地区长期艰苦的职责中损伤的健康。当然，在新荷兰殖民地工作，对这些值得尊敬的人有相当大的危险性。因为他们已经习惯于管理易驯顺的东印度群岛的土著人，因而，他们尝试用他们过去对待爪哇人一样的态度对待土著人。有几次，这导致了土著人和新荷兰定居者之间严重的冲突，许多新荷兰定居者遭到屠杀。荷兰人极端严厉地惩罚了暴动者。这种惩罚即使不能说是残忍也可以说是残暴了。印第安人不得不放弃了他们祖先遗留下来的土地、财产，继续向西迁移，一直到达没有人烟的地方。除了几名法国捕猎者踏上过几次，荷兰人对于开发新的殖民地表现出极其冷淡的态度。因为荷兰人坚持从事商业垄断贸易，在12年内，他们已经成功地使新阿姆斯特丹（纽约）完全彻底地变成了整个新大陆的走私中心。良好的外部环境和优惠的条件，使新阿姆斯特丹的公司经营十分顺利。在那些日子里，所有的国家习惯于强迫他们的殖民地专门与母国做生意。但是，荷兰因为没有多余人口派往他们的国外殖民地，因而直到18世纪末，新荷兰的居民人数从来没有超过10万。荷兰人很少倾向于坚持"独一经营"的原则，他们既和祖国做生意，也和西班牙、法国、英国做生意。结果是，新阿姆斯特丹自然而然地发展成了所有货物的仓储中心。新大陆的其他殖民地不得不以很高的价格在家门口购买货物，从新阿姆斯特丹（纽约）将货物零售到库拉索岛和圣尤斯特歇斯，甚至经销到更远的西班牙和葡萄牙殖民地。没有人干预这些商人们携带禁

▲ 相比较而言，他们认为东印度群岛的土著人是比较容易管理的。

运品，因为有一支由12名战士组成的海军中队专门护送他们。名义上，这些军舰是在西弗里斯兰海军部控制之下，但实际上专门用于走私货物。同时，海军部完全支持西印度群岛董事会对所有的出口产品征收百分之十的税款。他们把这钱叫作"船队钱"。在独立战争头30年期间，西印度群岛董事会允许荷兰陆军和海军的几乎全部的军费都由新阿姆斯特丹的公司在别国的走私贸易的利润中支付。

当然，英国、法国、西班牙坚持反对，而他们在海牙的代表向腓力则将军的三级会议进行无休止的官方申诉，作为代言人要求结束造成对他们尊敬的国王陛下无法忍受的侮辱，提出应该对有过失的一方采取措施。但是，这三个国家从出现在新大陆的中立国家荷兰都得到过好处。每当他们处于遭到敌人进攻的危机中时，中立国荷兰愿意并且能够卖给他们枪炮和弹药，这种危机是由他们的一位邻居一手造成的。因而，这样的抗议从来不会受到执政阁下和腓力则将军的重视。他们觉得向远方的新阿姆斯特丹总督转发这样的申诉是不值得的。

04 新阿姆斯特丹是淘金地

18世纪20年代初，在佐治亚州，定居者和业主之间出现了严重的纷争。为了自己的利益，西班牙决定利用这个时机去占领佐治亚州。身为天主教徒的西班牙政府最神圣的国王陛下，想向北扩张他的军事行动，一直延伸到新荷兰。但是，当西班牙舰队在圣迪胡克覆灭后，西班牙司令官对军事行动的胜利失去了信心。那个旧要塞是彼得·史

▲ 西班牙舰队被消灭

蒂文森将军以耻辱的方式被迫投降的地方。旧要塞已经湮灭很久了，现在由一堵错综复杂的墙取代了，内部有陡坡和缓坡，这里的堡垒都是依据范库霍恩男爵的计划和图纸建造的（直到去世前，他才完成他的图纸）。有了这个堡垒，再不必冒着斯塔腾岛的枪炮和新乌特勒支的排炮和威廉要塞的高射程的枪炮（后来改变要塞的名称是为了纪念已故的威廉亲王，他在1689年担任英国国王，同时担任荷兰执政者）之间的火力遏制，因而西班牙人决定向新英格兰进攻，以取代向新荷兰的进攻。西班牙人离开了新荷兰，转而向北航行，在科德角遭遇到严重的风暴，西班牙舰队覆灭了。

不必说，1739年到1744年，一场在西班牙王国和不列颠王国之间

新阿姆斯特丹使得各国舰队蜂拥而至。

的大战激烈地进行着，那是殖民地非常繁荣的一段时间。坦率地说，西班牙和不列颠都同样地讨厌荷兰，但他们两个国家又都需要荷兰的服务，并且，尽管那时西班牙和英国军队的总司令，扬言要联合起来一起行动，摧毁海盗窝（那是他们对新荷兰首都的称呼），但这个计划没有成功。

奥格尔索普在佐治亚州率领一支强大的西班牙军队，带着增援的火炮和火药，这些火炮和火药是他们在危急关头在新阿姆斯特丹购买的。英国人认定事情就应该是本来的样子，解决问题的最好的办法就是英国人从新阿姆斯特丹自行撤出。不久之后，事实证明英国人的决策是非常明智的。1744年，法国军队联合西班牙军队，从两个方向进攻英国。如果没有源源不断的枪炮供应，从新阿姆斯特丹和新布罗伊克伦的仓库传送进英国人的手中，英国人根本不能够使自己立于不败之地，并且这些质量一流的弹药似乎是用之不竭的。

由于这些交好运的交易，1748年《亚琛和约》签订之后，新阿姆斯特丹成了淘金之地，以至于所有普通商品的价格疯狂飙升，例如，面包、黄油和鲱鱼，1749年导致了那起不幸的争抢鲱鱼的暴乱。被其他国家称为"素质低下的荷兰暴民"，随着大量的混血人种的出现而急剧增长，他们（因为荷兰人能够自由地和土著人通婚）攻占了总督府，并且在总督的会客室的房梁上，吊死了他们的总督阁下。一星期之后，来自奥兰要塞的军队到达了，暴乱被镇压下去。但是，士兵们遭到了报复，是由逃脱的50名叛乱者所为，这些士兵落入了叛乱者的手里，叛乱者在公共广场（格林市场）残暴地鞭打他们，直到其中70多名士兵悲惨地死去。对于那些从此以后可能忘记上帝已经给他们任命了一位必须服从的法官的人来说，这被视作是一个惨痛的教训。总的说来，对于那些有谋算的人来说，此后再也不会忘记这个教训了。

奥兰军队来到后，暴乱被镇压